Auf den Spuren von Martin Luther

AM ANFANG WAR DAS WORT
LUTHER 2017
500 JAHRE REFORMATION

Auf den Spuren von

Martin Luther

Matthias Gretzschel

Ellert & Richter Verlag

Für Christiane

Inhalt

Vorwort

Martin Luther war viel auf Reisen, jedoch höchst selten aus eigenem Antrieb. Reisen zum Vergnügen konnte sich im 16. Jahrhundert kaum jemand vorstellen. Immerhin, Bildungsreisen gab es schon. So musste der junge Martin schon mit dreizehn Jahren seine Heimatstadt Mansfeld verlassen, um die weiterführenden Schulen in Magdeburg und Eisenach zu besuchen.

In Wittenberg unterstanden ab 1513 dem Mönch und Professor zwölf Klöster seines Ordens, die er regelmäßig zu visitieren hatte. Als Mönch machte er auch seine weiteste Reise – in Ordensangelegenheiten nach Rom. Die Konflikte der ausbrechenden Reformation führten ihn unter anderem nach und Leipzig. Seine Vorladung vor Kaiser und Reich 1521 in Worms, wo er den Widerruf seiner Lehre verweigerte, wurde mit Sicherheit Luthers berühmteste Fahrt. Auf dem Rückweg entführte man ihn zum Schein auf die Wartburg, wo er zehn Monate verbrachte.

Nach dem Bannspruch des Kaisers konnte sich Luther nur noch innerhalb Kursachsens frei bewegen. Jedoch wurden seine Reisen nicht weniger, sondern mehr, wenn sie auch nicht mehr in weite Entfernungen führten. Schließlich kostete ihn seine letzte Reise das Leben. Schon dem Tode nahe, fuhr er im Januar 1546 in seine alte Heimat, um die Konflikte seiner eigentlichen Landesherren, der Mansfelder Grafen, zu klären. Das gelang, aber Luther starb fern des heimatlichen Wittenbergs in Eisleben.

Wo Luther hinkam, hinterließ er Spuren, immaterielle wie Predigten und seelsorgerliche

Gespräche. Aber auch materielle, denn die Orte seiner Predigten und seiner Aufenthalte schienen schon den Zeitgenossen der Erinnerung wert. Die Nachgeborenen pflegten und entwickelten dieses Erbe mit Museen und Gedenkstätten weiter, viele davon sichtbar bis auf den heutigen Tag.

Matthias Gretzschel hat sich „auf den Spuren von Martin Luther“ auf den Weg gemacht, um diese Lutherorte heute zu besuchen. Das Ergebnis liefert der vorliegende Band mit seinen schönen Bildern und präzisen Beschreibungen.

In Luthers Zeiten war es Sitte, am Ende eines Vorworts den Leser direkt anzusprechen. In heutiger Form hieße das: Nimm, Leser, den Band nicht nur als Lektüre, sondern brich auf, nutze das Wissen des Autors und schau selbst auf die Spuren Martin Luthers.

Dr. Martin Treu
Geschäftsführer der Luther-Gesellschaft e.V.
Lutherstadt Wittenberg

Das Lebenswerk

Martin Luther (1483–1546) gehört zu den am häufigsten dargestellten Personen der deutschen Geschichte. Unser Bild des Reformators prägte vor allem der Maler Lucas Cranach d. Ä., der allein elf Porträts schuf, wie dieses von 1529, das Luther mit Talar und Doktorhut zeigt (Florenz, Galleria degli Uffizi).

Die Bedeutung Martin Luthers lässt sich kaum überschätzen, denn keine andere Persönlichkeit der deutschen Geistesgeschichte hat auf so vielfältige und folgenreiche Weise gewirkt wie der Reformator aus Wittenberg. Betrachtet man das 63 Jahre währende Leben dieses außergewöhnlichen Mannes aus dem zeitlichen Abstand von einem knappen halben Jahrtausend, so steht man nicht nur einem historischen Phänomen gegenüber. Martin Luther hinterließ Spuren, die durch die Jahrhunderte führen und auch die Gegenwart sehr viel stärker prägen, als es uns oft bewusst ist. Bei einer so bedeutenden, kraftvollen und zugleich auch widersprüchlichen Persönlichkeit, wie Luther es war, konnten Verzerrungen und Vereinnahmungen ebenso wenig ausbleiben wie unkritische Glorifizierungen. Die Deutsch-Nationalen sahen in ihm den deutschen Patrioten, obwohl der moderne Nationalstaatsgedanke zu Luthers Lebzeiten noch gar nicht geboren war. Da der Reformator im Antisemitismus des Mittelalters verhaftet war und sich in einigen Schriften in erschreckender Weise gegen die Juden äußerte, vereinnahmten ihn die Nationalsozialisten für ihre Holocaust-Ideologie. Die Kommunisten versuchten ihn später – genauso unzulässig – als Begründer einer verhängnisvollen Traditionslinie, die über Bismarck direkt zu Hitler führte, an den Pranger zu stellen, bis sie sich besannen, ihn wenige Jahre vor dem Zusammenbruch der DDR in die Ahnengalerie des „progressiven Kulturerbes“ aufnahmen und seinen 500. Geburtstag mit einer pompösen Jubelfeier begingen. Trotz seiner vermutlich bescheidenen Kirchengeschichtskenntnisse hatte es sich Staats- und Parteichef Erich Honecker nicht nehmen lassen, den Vorsitz des Staatlichen Lutherkomitees selbst zu übernehmen.

Doch keiner von diesen politischen Vereinnahmern – weder die Apologeten noch die Kritiker – hatten Martin Luther jemals ganz verstehen wollen. Denn er war zuallererst Theologe, und erst die Kenntnis der lutherischen Theologie ist der Schlüssel zum Verständnis seiner Persönlichkeit.

Als Luther am 31. Oktober 1517 seine 95 Thesen veröffentlichte, ahnte er nicht, dass er damit einen Umwälzungsprozess einleiten würde. Er handelte nicht aus einem politischen Impuls. Was er tat, geschah vielmehr als Resultat eines langen theologischen Reifeprozesses. Voraussetzung für dieses Ereignis, das sich später als welthistorisch erweisen sollte, waren jene Jahre, die 1505 mit dem Eintritt in das Erfurter Kloster der Augustiner-Eremiten begannen und den jungen Mönch „auf der Suche nach einem gnädigen Gott“ zur Erkenntnis der reformatorischen Rechtfertigungslehre führten. Nicht durch Taten oder gar durch Geld könne man – wie es die korrupte römische Amtskirche lehrte – vor Gott gerecht und von der Sünde gerettet werden, sondern – „sola gratia“ – allein aus göttlicher Gnade und aus dem Glauben daran, der daraus wächst.

Der sächsische Kurfürst Friedrich III. (1463–1525) wurde mit vollem Recht „der Weise“ genannt. Er war einer der einflussreichsten Fürsten seiner Zeit und galt sogar als Anwärter auf die Kaiserkrone. Ohne sein Wirken wäre die Reformation wahrscheinlich in weniger günstige Bahnen gelenkt worden. Posthumes Porträtgemälde von Lucas Cranach d. Ä., 1532, Regensburg, Historisches Museum

Mit dieser Position durchfocht er den Ablassstreit und die noch grundsätzlichere Auseinandersetzung um die Autorität des Papstes, die ihn im Verlauf der Leipziger Disputation (1519) in offenen Gegensatz zu Rom brachte. Ein Politiker war Luther nicht, das hätte seinem Selbstverständnis ganz und gar widersprochen. Andererseits konnte sein Wirken politisch nicht folgenlos bleiben. Und gerade bei diesem Punkt gehen die Beurteilungen des Reformators weit auseinander. So wurde etwa die Haltung, die er 1525 mit der polemischen Schrift „Wider die räuberischen und mörderischen Rotten der Bauern“ einnahm, als Beleg für seine Bemühungen um Stabilisierung bestehender Machtverhältnisse gewertet. Tatsächlich unterschied Luther streng zwischen dem „geistlichen und dem weltlichen Regiment“. Das war eine für die protestantische Tradition nicht unproblematische Trennung, die später oft als Legitimation politischer Machtausübung herhalten musste.

Weder das Wort des Papstes noch die Tradition der Kirche, sondern allein die Bibel besaß für Martin Luther höchste Autorität. Da er nicht nur sich selbst am Maßstab „der Schrift" orientierte, sondern auch Lehre und Praxis der Kirche daran maß, war der Konflikt, der schließlich zur Reformation führen sollte, programmiert. Die kostbar illustrierte Zerbster Prunkbibel wird in der Anhaltischen Landesbücherei Dessau aufbewahrt.

Wenn man von den Leistungen Luthers spricht, so ist neben der Begründung der reformatorischen Bewegung vor allem die Bibelübersetzung zu nennen. Nachdem er am 17. und 18. April 1521 vor dem Wormser Reichstag den Widerruf seiner Lehren abgelehnt hatte, wurde der von Bann und Reichsacht Bedrohte auf Veranlassung des sächsischen Kurfürsten, Friedrichs des Weisen, zum Schein entführt und auf die Wartburg bei Eisenach gebracht. Auf den ersten Blick erscheint es verwunderlich, dass Kurfürst Friedrich den Aufrührer aus Wittenberg so sehr unterstützt hat, denn er war zunächst kein Anhänger des Augustinermönchs. So hing er zum Beispiel ganz besonders an seiner Reliquien-

sammlung, die mehr als 5000 Stücke umfasste und weithin berühmt war. Luther dagegen lehnte den im Spätmittelalter immer weiter ausufernden Reliquienkult ab.

Dies war nicht die einzige Meinungsverschiedenheit zwischen ihm und seinem Landesherrn. Doch Friedrich war gebildet und achtete daher die Leistungen Luthers. Vor allem aber war er ungewöhnlich liberal. Leuten, die auf der Suche nach der Wahrheit sind, dürfe man sich nicht in den Weg stellen, meinte der Kurfürst. Hinzu kam auch die Tatsache, dass Friedrich der Weise, der einer der einflussreichsten deutschen Fürsten seiner Zeit war und sogar als ein möglicher Kandidat für die Krone des Reichs gehandelt

Wie kein anderer Maler seiner Zeit hat es Lucas Cranach d. Ä. verstanden, die reformatorische Lehre bildlich umzusetzen. In der Predella des Altars der Wittenberger Stadtkirche (1547) zeigt er den predigenden Luther, der die linke Hand auf die geöffnete Bibel legt und mit der rechten zum gekreuzigten Christus weist. Klarer lässt sich das Anliegen des Reformators kaum darstellen.

wurde, seit Beginn seiner Regierungszeit versucht hatte, die Macht der Reichsfürsten gegenüber Kaiser und Papst zu stärken. Die Unterstützung Luthers sollte wohl auch als Signal dafür verstanden werden, dass in Sachsen weder der Kaiser noch der Papst, sondern allein der Kurfürst zu bestimmen hätte.

Welche Gründe auch immer den Ausschlag gegeben haben, für Luther ist die Tatsache, dass Sachsen von Friedrich dem Weisen regiert wurde, sicher ein Glücksfall gewesen. Ohne den Kurfürsten, der seinen ehrenden Beinamen mit vollem Recht erhalten hat, wäre die Reformationsgeschichte womöglich in andere, wahr-

Folgende Doppelseite: Die Reformation ist ohne die Erfindung des Buchdrucks nicht denkbar. Nur durch dieses neue Medium war es möglich, dass sich die auf die Bibel begründete lutherische Lehre innerhalb kurzer Zeit überall in Deutschland verbreiten konnte. Die Abbildung zeigt zwei Kapitel aus der Offenbarung des Johannes in der mit Holzschnitten illustrierten Ausgabe letzter Hand von Martin Luthers erstmals 1534 erschienener vollständiger Bibelübersetzung „Biblia, das ist: Die gantze Heilige Schrifft Deudsch“ (Wittenberg: Hans Lufft, 1544/45). Links: Die sieben Engel gießen die Schalen mit dem Zorn Gottes auf die Erde (Kapitel 16). Rechts: Die Hure Babylon auf dem siebenköpfigen Tier mit zehn Hörnern, reich gekleidet mit der dreifachen Papstkrone auf dem Haupt und einen goldenen Becher voller Gräuel in der linken Hand (Kapitel 17).

scheinlich weniger günstige Bahnen gelenkt worden.

Zehn Monate währte Luthers Aufenthalt auf der thüringischen Burg. Zehn Monate erzwungene Untätigkeit – für den tatendurstigen, 37 Jahre alten Mann war das eine schreckliche Vorstellung. Das höfische Leben, das er unter dem Decknamen Junker Jörg zu führen hatte, war ihm ungewohnt, auch das opulente Essen bekam ihm schlecht. Doch der Wartburgaufenthalt hatte ein enorm wichtiges Ergebnis: Die Übersetzung des Neuen Testaments aus dem griechischen Original ins Deutsche. Luther tat dies aus theologischen Gründen, denn „die Schrift“ –

V.

vnd lesterten Gott im Himel fur jrem schmertzen / vnd fur jren Drüsen / vnd
theten nicht Busse fur jre werck.

VND der sechste Engel gos aus seine Schale auff den grossen wasserstrom
Euphrates / Vnd das wasser vertrocknet / auff das bereitet würde der 6.
weg den Königen von auffgang der Sonnen. Vnd ich sahe aus dem munde
des Drachens / vnd aus dem munde des Thiers / vnd aus dem munde des
falschen Propheten / drey vnreine Geister gehen / gleich den Fröschen. Vnd sind
geister der Teufel / die thun Zeichen / vnd gehen aus zu den Königen auff Er-
den / vnd auff den gantzen Kreis der welt / sie zu versamlen in den Streit / auff
jenen grossen tag Gottes des allmechtigen. Sihe / ich kome / als ein Dieb / Se-
lig ist der da wachet / vnd helt seine Kleider / das er nicht blos wandele / vnd
man nicht seine schande sehe. Vnd er hat sie versamlet an einen Ort / der da
heisst auff Ebreisch Harmagedon.

(Frösche) Die Frösche sind die Plauderer / so jtzt den Fürsten heuchlen / vnd wider das Euangelium geken / vnd doch nichts ausrichten etc.

Harmagedon) Auff deudsch verdampte Krieger / verfluchte rüstung oder vnglückselige Kriegesleute / ab Herem et Gad.

VND der siebend Engel gos aus seine Schale in die Lufft / Vnd es gieng 7.
aus eine stim vom Himel aus dem Stuel / die sprach / Es ist geschehen.
Vnd es wurden Stimme / vnd Donner / vnd Blitzen / vnd ward eine grosse
Erdbebung / das solche nicht gewesen ist / sint der zeit Menschen auff Erden
gewesen sind / solche Erdbebung also gros. Vnd aus der grossen Stad wurden
drey teil / vnd die Stedte der Heiden fielen. Vnd Babylon der grossen ward
gedacht fur Gott / jr zu geben den Kelch des weins von seinem grimmigen
zorn. Vnd alle Insulen entflohen / vnd keine Berge wurden funden. Vnd
ein grosser Hagel / als ein Centner / fiel vom Himel auff die Menschen / vnd
die Menschen lesterten Gott vber der Plage des hagels / Denn seine plage ist
seer gros.

XVII.

Hie zeiget er die Römische Kirche in jrer gestalt vnd wesen / die verdampt sol werden.

VND es kam einer von den sieben Engeln / die die sieben Schalen hat- X.
ten / redet mit mir / vnd sprach zu mir / Kum / Ich wil dir zeigen
das Vrteil der grossen Huren / die da auff vielen Wassern sitzt /
Mit welcher gehuret haben die Könige auff Erden / vnd die da
wonen auff Erden truncken worden sind / von dem Wein jrer
Hurerey.

X.

Hurerey. Vnd er bracht mich im Geist in die wüsten. Vnd ich sahe das Weib sitzen auff einem rosinfarben Thier / das war vol Namen der lesterung / vnd hatte zehen Hörner. Vnd das Weib war bekleidet mit Scharlacken vnd Rosinfarb / vnd vbergüldet mit Gold vnd Edlensteinen vnd Perlen / vnd hatte einen gülden Becher in der Hand / vol Grewels vnd vnsauberkeit jrer Hurerey. Vnd an jrer Stirn geschrieben den Namen / Das Geheimnis / Die grosse Babylon / die Mutter der hurerey vnd aller grewel auff Erden. Vnd ich sahe das Weib truncken von dem Blut der Heiligen / vnd von dem blut der zeugen Jhesu. Vnd ich verwundert mich seer / da ich sie sahe.

(Geheimnis) Das ist / die geistliche grosse Babylon etc.

Sup. 12. VND der Engel sprach zu mir / Warumb verwunderstu dich? Jch wil dir sagen das Geheimnis von dem Weibe / vnd von dem Thier das sie tregt / vnd hat sieben Heubter / vnd zehen Hörner. Das Thier / das du gesehen hast / ist gewesen / vnd ist nicht / vnd wird wider komen aus dem Abgrund / vnd wird faren ins Verdamnis / Vnd werden sich verwundern / die auff Erden wonen / der namen nicht geschrieben stehen in dem buch des Lebens von anfang der Welt / wenn sie sehen das Thier / das es gewesen ist / vnd nicht ist / wiewol es doch ist. Vnd hie ist der sinn / da Weisheit zugehöret.

Das Römisch Reich ist / vnd ist doch nicht / Denn es ist nicht das gantze / sondern ist nach seinem Fall durch den Bapst wider auffbracht.

DJe sieben Heubter sind sieben Berge / auff welchen das Weib sitzet / vnd sind sieben Könige. [a] Fünff sind gefallen / vnd [b] einer ist / vnd der ander ist noch nicht komen / Vnd wenn er kompt / mus er eine kleine [c] zeit bleiben. Vnd das Thier / [d] das gewesen ist / vnd nicht ist / das ist der achte / vnd ist von den sieben / vnd feret in das verdamnis. Vnd die zehen Hörner / die du gesehen hast das sind [e] zehen Könige / die das Reich noch nicht empfangen haben / Aber wie Könige werden sie eine zeit macht empfahen mit dem Thier. Diese haben eine meinung / vnd werden jre krafft vnd macht geben dem Thier. Diese werden streiten mit dem Lamb / Vnd das Lamb wird sie vberwinden / Denn es ist der HErr aller Herrn / vnd der König aller Könige / vnd mit jm die Beruffene vnd Ausserweleten vnd gleubigen.

[a] Fünffte / gegen Morgen in Griechenland.

[b] (Einer) Das ist / Deudschland.

[c] Das ist jtzt Hispania.

[d] Roma oder Welschland.

[e] (Zehen Könige) Das sind die andern Könige / Als Hungern / Behem Poln / Franckreich

VND er sprach zu mir / Die Wasser / die du gesehen hast / da die Hure sitzt / sind Völcker vnd Scharen / vnd Heiden / vnd Sprachen. Vnd die zehen Hörner / die du gesehen hast / auff dem Thier / die werden die Hure hassen / vnd werden sie [f] wüst machen / vnd blos / vnd werden jr Fleisch essen / vnd werden sie

[f] Sie halten an dem Bapst / vnd schützen jn / Aber sie reuffen jn wol / das er mus blos werden / vnd die Güter verlieren / Defensores Papae / Deuoratores eius.

der er die alleinige Autorität beimaß – sollte vom Volk gelesen, gehört und verstanden werden. Neben der frömmigkeitsgeschichtlichen Bedeutung hatte die Bibelübersetzung noch eine weitere Wirkung: Luther leistete mit seiner deutschen Bibel, die 1534 mit der Übersetzung des Alten Testaments abgeschlossen war, einen wesentlichen Beitrag zur Herausbildung der deutschen Nationalsprache. Sein kraftvoller und bildhafter Ausdruck, der bis heute nicht allein durch die Bibelübersetzung, sondern auch durch zahlreiche Choraltexte Allgemeingut geblieben ist, weist ihn zugleich als einen einzigartigen Dichter aus.

Im Gegensatz zur universellen Bedeutung von Luthers Lebenswerk war der geografische Rahmen seines Lebens eher überschaubar. Seine weiteste Reise und zugleich die einzige, die über die deutschen Länder hinausreichte, führte ihn 1510/11 nach Rom. Die Tatsache, dass Luther ab 1521 ein vom Reich Geächteter war, schränkte seinen Bewegungsraum auf jenes Gebiet ein, in dem ihm sein sächsischer Landesherr Schutz zu gewähren vermochte.

Martin Luther war ein kraftvoller Charakter, voller Energie, Eloquenz und Arbeitswillen. Doch er kannte auch Selbstzweifel und Phasen von Niedergeschlagenheit und Depression. Sein Lebensstil reichte von fast selbstzerstörerischer Askese bis hin zu ausschweifender Sinnlichkeit. Hochgebildet und zugleich von tiefer Frömmigkeit erfüllt, konnte er im Streit unerbittlich sein. Doch neben seiner Gabe zu kraftvoller Polemik, bei der er sich gern einer drastischen und sehr bildhaften Sprache bediente, konnte er auch ausgleichend wirken. Am Ende seines Lebens stand eine friedensstiftende Tat. Martin Luther starb am 18. Februar 1546 in Eisleben, nur wenige Hundert Meter von seinem Geburtshaus entfernt, nachdem es ihm gelungen war, den Erbstreit der Mansfelder Grafen zu schlichten.

Der genius loci, jene eigentümliche Ausstrahlung historisch bedeutsamer Orte, ist keine messbare Größe. Seine Faszination ist indes unbestreitbar. Wie sonst ließe es sich erklären, dass Jahr für Jahr eine kaum zählbare Menschenmenge in Achtung, Respekt und Bewunderung die Wirkungsstätten des großen deutschen Reformators besucht?

Die UNESCO, Kulturorganisation der Vereinten Nationen, würdigte die besondere Bedeutung der Schauplätze der Reformation, indem sie 1996 die Lutherstätten von Eisleben und Wittenberg und 1999 die Wartburg in die Liste des Weltkulturerbes aufnahm.

Kindheit und Schulzeit: Eisleben, Mansfeld, Magdeburg, Eisenach

Eisleben, Lutherstraße 15: eine weltberühmte Adresse. Am 10. November 1483 wurde Martin Luther in dem 1689 abgebrannten Vorgängerbau dieses Hauses geboren. Heute befindet sich hier eine Gedenkstätte, in der man sich über die Familie, die Kindheit und Jugend des Reformators informieren kann.

Als Martin Luther am 10. November 1483 in Eisleben geboren wurde, lebten seine Eltern erst seit kurzer Zeit in der zum Lehen der Grafen von Mansfeld gehörigen Stadt. Der aus einer Bauernfamilie stammende Vater, Hans Luther (eigentlich „Luder“), war aus dem thüringischen Möhra nach Eisleben gekommen, um in einem Bergwerk zu arbeiten. In einer Tischrede hat Luther einmal über die Eltern geäußert: „Mein Vater ist in seinen jungen Jahren ein armer Häuer (Bergmann) gewesen, die Mutter hat all ihr Holz auf dem Rücken heimgetragen. Also haben sie uns erzogen. Sie haben harte Mühsal ausgestanden, wie sie die Welt heute nicht mehr ertragen wollte.“ Die Aussichten schienen zunächst günstig, denn dank reicher Silber- und Kupfervorkommen erlebte die 1180 erstmals urkundlich erwähnte Stadt im 15. Jahrhundert eine wirtschaftliche Blütezeit. Das Ehepaar Hans und Margarete Luther bezog ein Bürgerhaus der Stadt (heute Lutherstraße 15), ein zweigeschossiges Gebäude, das im 15. Jahrhundert erbaut worden war. Wahrscheinlich ist Luther in einem Raum des Obergeschosses geboren worden. Bei einem Brand im Jahr 1689 wurde das Haus völlig zerstört. In dem Nachfolgebau besteht schon seit 1693 eine Gedenkstätte, die zunächst auf die

Martin Luther wurde am 11. November 1483 in der Eisleber St.-Petri-Pauli-Kirche getauft. Teile des originalen Taufsteins sind in dem schlichten neugotischen Taufbecken (links im Bild) erhalten. Bei der Umgestaltung der Kirche als „Zentrum Taufe" 2011/12 wurde im Fußboden des Mittelschiffs zusätzlich ein kreisrunder Taufbrunnen geschaffen, der mit dem Schriftzug des Taufbefehls Jesu (Mt 28,19) umgeben ist.

Räume im Obergeschoss beschränkt blieb, während sich im Erdgeschoss eine Armenschule befand. Über dem Eingang der Straßenfront ist ein Porträtmedaillon Luthers zu sehen, das von der Inschrift „Gottes Wort ist Luthers Lehr, darum vergeht sie nimmermehr" gerahmt wird. Im Hof steht eine in Eisen gegossene Lutherbüste des Berliner Bildhauers Johann Gottfried Schadow. Das heutige Museum informiert über Familie, Kindheit und Jugend Luthers.

Am 11. November 1483, dem Martinstag, wurde Luther in der Pfarrkirche St. Petri und Pauli getauft. Der Grundstein für den heute sichtbaren spätgotischen Bau wurde allerdings erst

Gesichter, die von der Härte des Alltagslebens gezeichnet sind: Hans und Margarete Luther, die Eltern des Reformators, auf einem Doppelporträt von Lucas Cranach d. Ä. aus dem Jahr 1527 (Wartburg-Stiftung, Eisenach). Nach dem Willen des Vaters hätte Martin Luther ein erfolgreicher Jurist werden sollen. Als er stattdessen ein Mönchsgelübde ablegte, war Hans Luther außer sich. Später konnte er den Sohn und dessen Anliegen besser verstehen.

1486, also drei Jahre nach Luthers Taufe, gelegt. Der Annenaltar stammt aus dem frühen 16. Jahrhundert. Im Mittelfeld des geschnitzten Schreins ist „Anna Selbdritt“ (Anna, Maria und Jesus), gerahmt von Magdalena und Elisabeth, dargestellt. Die Predella zeigt die Geburt Christi, die gemalten Außenflügel Szenen aus dem Leben der heiligen Anna, die als Schutzpatronin der Bergleute im Mansfelder Land besonders verehrt wurde. Im nördlichen Seitenschiff befinden sich ferner drei Doppelgemälde aus der Cranachwerkstatt mit den Bildnissen von Luther und Katharina von Bora, seinen Eltern sowie Luther und Philipp Melanchthon.

Der Eisleber Markt mit dem 1883 aufgestellten Lutherdenkmal von Rudolf Siemering vor dem Renaissancerathaus und den drei Türmen der spätgotischen Andreaskirche, in der Luther seine letzten vier Predigten hielt. Er starb am 18. Februar 1546 während eines Besuchs in seiner Geburtsstadt. Sein Leichnam wurde im Chor der Andreaskirche aufgebahrt und von dort nach Wittenberg überführt.

Vor dem stattlichen Renaissancerathaus, das an die Westseite des Markts grenzt, steht ein Lutherdenkmal des Bildhauers Rudolf Siemering, das anlässlich des 400. Geburtstags des Reformators am 10. November 1883 enthüllt wurde. Es zeigt, wie Luther die päpstliche Bannbulle öffentlich verbrennt. Am Sockel sind Reliefs mit den folgenden Szenen zu sehen: eine allegorische Darstellung des Sieges der Reformation/Luther im Kreis seiner Familie/die Bibelübersetzung/die Disputation mit Eck.

Schon bald musste Hans Luther einsehen, dass es in Eisleben für ihn keine berufliche Zukunft gab. So verließ die Familie die Stadt schon 1484 und ließ sich im nur wenig entfernten Mansfeld

nieder. Bereits seit dem 11. Jahrhundert bestand in dem malerischen Bergbaustädtchen eine Burg, auf der die Grafen von Mansfeld herrschten. Hans Luther war zunächst in einem Kupferbergwerk tätig, pachtete 1490 ein kleines Hüttenwerk und konnte sich schließlich als Klein-unternehmer selbstständig machen, was der Familie zu bescheidenem Wohlstand verhalf. Die Luthers bewohnten ein Haus zu Füßen des Schlosses (heute Lutherstraße 26), das 1805 zum größten Teil abgebrochen und 1880 als Museum eingerichtet wurde. Und seit 2014 ist hier ein ganz neues Museum zu besichtigen. Luther hatte, das bezeugen mehrere Quellen, trotz strenger Erziehung ein inniges Verhältnis

Zu Füßen des Mansfelder Schlosses liegt die kleine, von weiten Feldern und Wiesen umgebene Stadt, in der Luther seine Kindheit verbrachte. In Mansfeld kam er zur Schule, hier hatte er auch seine ersten Begegnungen mit dem kirchlichen Leben. Er ging mit seinen Eltern in die spätgotische Stadtkirche St. Georg zur Messe, wirkte dort auch als Ministrant und sang im Kirchenchor.

zu den Eltern und seinen jüngeren Geschwistern. In Mansfeld besuchte Luther die Schule, wo er im Lesen, Schreiben, Singen und in Latein unterrichtet wurde. Die ersten Kontakte zum kirchlichen Leben hatte er in der spätgotischen Stadtkirche St. Georg. Er ging mit den Eltern zur Messe, wurde Ministrant und sang im Kirchenchor.

Im Inneren der mehrfach veränderten Kirche befinden sich ein Lutherbild von 1540 sowie ein Auferstehungsgemälde aus der Cranachwerkstatt. Zum Abendmahlsgerät gehörte ein vergoldeter gotischer Kelch, der heute im Luthermuseum aufbewahrt wird.

Als Kind dürfte Luther kaum Zugang zu der stolzen Burg gehabt haben, die auf einem Felsvorsprung hoch über dem kleinen Städtchen thront. 1509 fiel sie einem verheerenden Feuer zum Opfer, wurde aber anschließend neu erbaut. Später riefen die Mansfelder Grafen den Reformator mehrfach auf ihren Stammsitz, um ihn zu juristischen Problemen zu befragen. Bei seinen Besuchen predigte Luther auch in der Schlosskapelle, die als eines der bedeutendsten Sakralbauwerke der Spätgotik zwischen dem Harz und der Elbe gilt.

„Hernach, da dieser Knabe in sein 14. Jahr ging“, vermerkte der Chronist Johann Mathesius, „hat ihn sein Vater durch Herrn Johannes Reinecke gen Magdeburg in die Schule gesandt, die damals von vielen anderen weit berühmt war. Dort ist er nach Brot gegangen und hat seinen Panem propter Deum geschrien.“

Die beiden Türme des Magdeburger Doms ragen majestätisch in den Himmel. Luther selbst hat dieses Panorama allerdings noch nicht genießen können. Als er 1497 in die Stadt an der Elbe kam, um hier in der Schule der „Brüder vom gemeinsamen Leben" zu lernen, waren die gewaltigen Domtürme noch im Bau. Sie wurden erst 1520 vollendet.

Im Frühjahr 1497 war Luther gemeinsam mit seinem gleichaltrigen Freund Hans Reinecke, dem Sohn des in der Chronik erwähnten Mansfelder Hüttenmeisters, an die renommierte Schule der „Brüder vom gemeinsamen Leben", einer nichtmönchischen Reformbewegung, gekommen. In Magdeburg hatte der junge Luther sein erstes Großstadterlebnis. Die Stadt, die schon seit 968 Sitz eines Erzbischofs war und zum Hansebund gehörte, war durch den Handel reich geworden. Mehr als 30 Türme ragten in den Himmel, und in den Straßen und auf den Plätzen pulsierte farbiges Leben. Die Schüler mussten sich ihren Unterhalt durch Singen und Betteln verdienen.

Der Markt in Eisenach mit dem Turm der Stadtkirche St. Georg und dem Marktbrunnen, der 1549 von dem Steinmetz Hans Leonhard geschaffen wurde. Auf der Brunnensäule steht eine vergoldete Skulptur des heiligen Georg, des Schutzpatrons der Stadt. Luther besuchte in Eisenach drei Jahre lang die Georgenschule, deren Gebäude nicht erhalten sind. In der Stadtkirche sang er als Schüler im Chor. Auf der Reise zum Wormser Reichstag 1521 predigte er auf dem Hin- und Rückweg zweimal in der Kirche, bevor er auf die Wartburg als „Junker Jörg“ in Schutzhaft kam. Von 1665 bis 1797 wirkten Mitglieder der Familie Bach hier als Organisten. Johann Sebastian Bach wurde am 23. März 1685 in der Kirche getauft.

Luthers Schule befand sich unweit des gewaltigen Doms, der im Jahr 955 gegründet und ab 1207 nach einem Brand in gotischen Formen neu erbaut worden war. Die berühmten Doppeltürme, die zum Wahrzeichen der Stadt geworden sind, hat Luther während seiner Schulzeit jedoch noch nicht sehen können, sie wurden erst 1520 vollendet.

Doch Luther blieb nur wenige Monate in Magdeburg, denn bald riefen ihn seine Eltern zurück, um ihn an die Georgenschule nach Eisenach zu schicken. Die Eltern wünschten, dass Martin seine schulische Ausbildung in der Heimatstadt der Mutter fortsetzen sollte, wo noch viele ihrer Verwandten lebten. Wie er diesen Wechsel aufgenommen hat, ist nicht bekannt. Doch der Unterschied zwischen den beiden Städten dürfte gewaltig gewesen sein. Im Gegensatz zu dem großstädtischen Magdeburg war das am Nordrand des Thüringer Waldes gelegene und um die Mitte des 12. Jahrhunderts von den Thüringer Landgrafen zur Stadt erhobene Eisenach ein Nest, ein „Pfaffennest“, wie Luther in Anbetracht der Tatsache, dass damals jeder zehnte der 3000 bis 4000 Einwohner dem geistlichen Stand angehörte, sarkastisch angemerkt haben soll.

Im 15. Jahrhundert gab es in Eisenach drei Kirchen und sieben Klöster. In seinen Tischreden sagte Luther: „Ich habe in Eisenach die Schule besucht und mein Brot vor den Türen ersungen; darauf kam ich zu Heinrich Schalbe, einem Eisenacher Bürger, und habe seinen

Das Eisenacher Lutherhaus. Zumindest zeitweise hat Luther, der seine schulische Ausbildung in Eisenach fortsetzte, in diesem Haus der Familie Cotta gewohnt. Mit der thüringischen Kleinstadt, in der es damals drei Kirchen und sieben Klöster gab, verbanden sich für den Reformator wohl sehr gegensätzliche Erinnerungen. Er nannte sie „Pfaffennest“, aber auch „meine liebe Stadt“.

Sohn zur Schule geführt.“ Über die Quartiere des Latein- und Singschülers gibt es unterschiedliche und zum Teil widersprüchliche Auskünfte. Sicher ist nur, dass die begüterte Kaufmannsfrau Ursula Cotta, geb. Schalbe, den jungen Luther zu sich nahm, doch das „Lutherhaus“ (Lutherplatz), in dem sich heute ein kulturhistorisches Museum befindet, gehörte nicht ihr, sondern einem ihrer Brüder. Wahrscheinlich hat Luther zumindest zeitweise hier gewohnt. In der frommen Ratsherrenfamilie Cotta wurde Luther mit dem bürgerlichen Milieu vertraut, das ihn zeitlebens prägen sollte.

Unweit dieses Hauses erhebt sich auf dem Markt die Stadtkirche St. Georg, in der Luther – wie zwei Jahrhunderte später auch Johann Sebastian Bach – als Kurrendaner regelmäßig sang. Die Georgenkirche war um 1188 zu Ehren von St. Georg, dem Schutzheiligen der Stadt, errichtet und später häufig umgebaut worden. Aus Luthers Zeit stammt noch der Taufstein, an dem 1685 Johann Sebastian Bach getauft wurde. Zu den herausragendsten Kunstwerken gehört die um 1500 entstandene Kreuzigungsgruppe, die thüringischen oder fränkischen Ursprungs ist.

Für Luther, der später mehrfach nach Eisenach zurückkehrte und auf seiner Reise zum und

vom Wormser Reichstag in St. Georg predigte, waren die drei Jahre seiner hiesigen Schulzeit offenbar mit angenehmen Erinnerungen verbunden, denn er nannte Eisenach später „meine liebe Stadt“.

Im Eisenacher Lutherhaus wird diese Ausgabe der Lutherbibel aus dem Jahr 1720 aufbewahrt.

Vom Hörsaal
in die Klosterzelle:
Erfurt

Diese Stadtansicht von Erfurt aus der Schedelschen Weltchronik von 1493 veranschaulicht den Kirchenreichtum der berühmten Universitätsstadt, in der Martin Luther ab 1501 studierte. Sein Vater wünschte sich für den Sohn eine juristische Karriere – doch es sollte anders kommen.

Bonifatius hatte im Jahr 742 das Bistum Erfurt gegründet, das jedoch bald darauf Mainz einverleibt wurde. Durch die Politik Karls des Großen entwickelte sich die Stadt ab 805 zu einem wichtigen Platz im Handelsverkehr mit den Slawen. Durch seine günstige Lage an der via regia erlebte Erfurt seit dem 13. Jahrhundert einen enormen wirtschaftlichen Aufschwung. Obwohl es der Stadt nie gelang, Reichsstadt zu werden, genoss sie doch eine weitgehende politische und militärische Selbstständigkeit. Im 14. Jahrhundert war Erfurt mit 15 000 bis 20 000 Einwohnern die sechstgrößte deutsche Stadt, es gab mehr als 90 Kirchen und 36 Klöster. Noch heute bestimmen der prachtvolle Dom und die benachbarte Severikirche das Stadtbild in eindrucksvoller Weise.

Die 1392 gegründete Erfurter Universität, die bis 1816 bestand, gehörte zu den großen Universitäten Europas. Vor allem im späten 15. und frühen 16. Jahrhundert erlangte sie Einfluss auf die geis-

Das Collegium maius war das Hauptgebäude der 1392 gegründeten Alten Universität zu Erfurt. Ihr wohl berühmtester Student war Martin Luther. Das 1945 zerstörte Gebäude mit dem spätgotischen Kielbogenportal wurde inzwischen vollständig rekonstruiert und dient als Verwaltungssitz der Evangelischen Kirche in Mitteldeutschland.

tesgeschichtliche Entwicklung durch den in Erfurt bestehenden Humanistenkreis. Das Hauptgebäude der Universität wurde 1945 zerstört, erhalten blieb nur ein spätgotisches Kielbogenportal. Die Universität wurde 1994 neu gegründet, das Collegium maius wieder aufgebaut.

Auf Wunsch seines Vaters ließ sich Martin Luther hier im April 1501 in die Matrikel der Artistenfakultät einschreiben, die eine Art Vorbereitungsstudium für die spätere Aufnahme in die medizinische, juristische oder theologische Fakultät bot. Die „Sieben freien Künste" umfassten Grammatik, Rhetorik und Dialektik sowie Metaphysik, Geometrie, Musik und Astronomie. Luther war ein erfolgreicher Student, schon nach einem Jahr legte er im September 1502 die Prüfung als Bakkalaureus artium ab, und Anfang 1505 promovierte er zum Magister. Neben genauen Kenntnissen der Scholastik erlernte er die Kunst der Disputation, was ihm später sehr nützlich werden sollte. Bereits als Magister begann Luther Vorlesungen zu halten, außerdem beschäftigte er sich mit dem juristischen Spezialstudium.

Als der Student im Frühsommer 1505 seine Eltern in Mansfeld besuchte, schien er am Beginn einer glänzenden juristischen Karriere zu stehen, ganz wie es sich Hans Luther immer für seinen

Sohn erträumt hatte. Doch auf dem Rückweg nach Erfurt kam es zu einem Ereignis, das Luthers weiteren Lebensweg in eine völlig andere Richtung lenken sollte. Am 2. Juli 1505 geriet der 21-Jährige in der Nähe von Stotternheim, kurz vor Erfurt, in ein heftiges Gewitter. Der Legende nach rief er: „Hilf du, Sankt Anna, ich will ein Mönch werden!" Als der Vater von diesem Gelübde erfuhr, war er außer sich und „wollte gar toll" werden, denn mit einem Male schienen nun die glänzenden Karrierechancen des Sohnes null und nichtig geworden zu sein. Doch Luther ließ sich in seinem Entschluss nicht beirren. Am 16. Juli 1505 feierte er mit seinen Kommilitonen und Freunden noch ein feuchtfröhliches Abschiedsfest und ließ sich von ihnen am darauf-

Knapp dem Tode entronnen, trat Luther am 17. Juli 1505 – einem Gelübde folgend – in das asketisch geprägte Erfurter Augustinerkloster ein. Am Tag zuvor hatte er sich mit einem feuchtfröhlichen Gelage von seinen Kommilitonen verabschiedet. Das Foto zeigt den Renaissancehof des Klosters mit dem Gästehaus, wo auch heute noch Besucher willkommen sind.

Das Erfurter Augustinerkloster wurde ab 1277 erbaut. Der Kreuzgang (großes Foto) entstand Mitte des 14. Jahrhunderts. Die Ansicht vom Zustand der Klosteranlage nach 1669 (kleines Foto) gibt im Wesentlichen noch das Erscheinungsbild des 16. Jahrhunderts wieder.

folgenden Tag an das Tor zum „Schwarzen Kloster" auf der Comthurgasse geleiten. Die eigentliche Aufnahme in den besonders asketisch geprägten Orden erfolgte mit dem Eintritt ins Noviziat Ende September des gleichen Jahres.

Luthers Zelle im Augustinerkloster, die im Sinne mittelalterlicher Kargheit rekonstruiert wurde, vermittelt noch heute einen Eindruck vom Klosteralltag dieses strengen Ordens. Der Tagesablauf wurde durch Fasten, Beten, Beichten und Schweigen bestimmt. Nach knapp einjähriger Selbstprüfung legte Luther im Sommer 1506 das Mönchsgelübde ab.

Das Erfurter Augustiner-Eremiten-Kloster stammt im Kern aus dem 13. Jahrhundert. Ab 1277 wurde

die Kirche erbaut. Bis zum Jahr 1518 entstanden dann Katharinenkapelle, Kapitelsaal, Kreuzgang, Langhaus, Kirchturm, Priorat, Bibliothek und Waidhäuser. Die Errichtung des Bibliotheksgebäudes erlebte Luther während seiner Mönchszeit. 1945 wurde das Kloster zerstört, in den Jahrzehnten danach Stück für Stück wiederhergestellt. Heute beherbergt es eine kirchliche Tagungs- und Begegnungsstätte.

In einer feierlichen Zeremonie wurde Martin Luther am 4. April 1507 im Erfurter Dom zum Priester geweiht. Der Dom gehört zu den wertvollsten und beeindruckendsten Monumenten der deutschen Sakralarchitektur des Mittelalters. Zu den schönsten Kunstwerken des im

Nachdem er das Tor des „Schwarzen Klosters" durchschritten hatte, bezog Luther eine karge Zelle und begann seine quälende Suche nach „einem gnädigen Gott". Bis zum Herbst 1511 lebte er im Erfurter Augustinerkloster.

In einer grandiosen architektonischen Inszenierung erheben sich Dom und Severikirche über die Erfurter Altstadt. Als Luther sich 1501 an der Erfurter Universität in die Matrikel der Artistenfakultät einschreiben ließ, war Erfurt mit etwa 20 000 Einwohnern die sechstgrößte Stadt im Reich. Es gab prachtvolle Bürgerhäuser, 36 Klöster und mehr als 90 Kirchen.

Wesentlichen 1465 vollendeten Bauwerks zählt der reiche Figurenschmuck an den Portalen der nördlichen Vorhalle. Zu sehen sind die klugen und törichten Jungfrauen, Ecclesia und Synagoge, der Gnadenstuhl, Maria und die zwölf Apostel sowie eine Kreuzigungsgruppe, die etwa 1340 entstand. Auch das Innere des Doms ist reich mit Kunstwerken ausgestattet.

Einen knappen Monat nach der Priesterweihe, am 2. Mai 1507, las Luther in der Klosterkirche seine erste Messe. In der lang gestreckten Basilika befindet sich neben wertvollen Grabmälern aus dem 14. und 15. Jahrhundert ein bedeutender mittelalterlicher Glasfensterzyklus, der das Leben des heiligen Augustinus zum Inhalt hat. Luther erinnerte sich später: „Als ich in Erfurt die erste Messe feierte und die Worte las ‚Ich opfere Dir, dem lebendigen, einzigen Gott', entsetzte ich mich derart, dass ich vom Altar weglaufen wollte, und ich hätte es getan, wenn nicht mein Prior mich zurückgehalten hätte. Denn ich dachte: Wer ist der, mit dem du redest? Von der Zeit an habe ich mit großem Entsetzen Messe gelesen und danke Gott, dass er mich daraus erlöset hat." Diese Sätze vermitteln einen tiefen Einblick in die Seelenlage des jungen Mannes, der sich verzweifelt um sein Verhältnis zu Gott bemühte.

Hochaltar des Erfurter Doms. Am 4. April 1507 wurde Martin Luther hier zum Priester geweiht. Der mit kostbaren Kunstwerken reich ausgestattete Dom war im Wesentlichen 1465 vollendet. Er gehört zu den schönsten Sakralbauten des deutschen Mittelalters. Der in eindrucksvollen Barockformen gestaltete Altar wurde 1697 vollendet.

Mit der Priesterweihe war die Ausbildung jedoch keineswegs beendet. Luther begann nun zielgerichtet mit dem Studium der Theologie, wechselte im Oktober 1508 für einige Zeit in das Augustinerkloster Wittenberg, wo er den Lehrstuhl für die artistische Fakultät und Moralphilosophie übernahm, seine theologischen Studien aber gleichzeitig fortsetzte. 1509 kehrte er nach Erfurt zurück, erwarb den Bakkalaureus biblicus und Bakkalaureus sententiarius und nahm 26-jährig eine Lehrtätigkeit am Generalstudium des Augustinerordens auf. Drei- bis viermal wöchentlich stieg er nun die Treppen zum Domberg hinauf, um Vorlesungen zu halten. Sie fanden im auditorium coelicum statt, das seinen Namen von der ursprüng-

Rom, das Sehnsuchtsziel zahlloser deutscher Pilger, wurde für Luther zu einer großen Enttäuschung. Er besichtigte zwar die historischen Monumente, registrierte aber vor allem den Sittenverfall des römischen Klerus, der ihm den inneren Zustand der Kirche drastisch vor Augen führte. Die Stadtansicht aus der Schedelschen Weltchronik entstand 1493, 17 Jahre vor Luthers Romaufenthalt.

lich mit Tierkreiszeichen geschmückten Decke herleitete. Heute betritt man den großen, rechteckigen, mit einer Holztonne gedeckten Raum an der Nordseite durch ein schmales Spitzbogenportal. Seit 1953 dient der Saal, der im Laufe der Jahrhunderte unterschiedlich genutzt wurde, dem Philosophisch-Theologischen Seminar zur Ausbildung katholischer Priester, die sicher nicht alle Ansichten ihres prominenten Vorgängers teilen, ihn aber auch längst nicht mehr als verabscheuungswürdigen Ketzer betrachten.

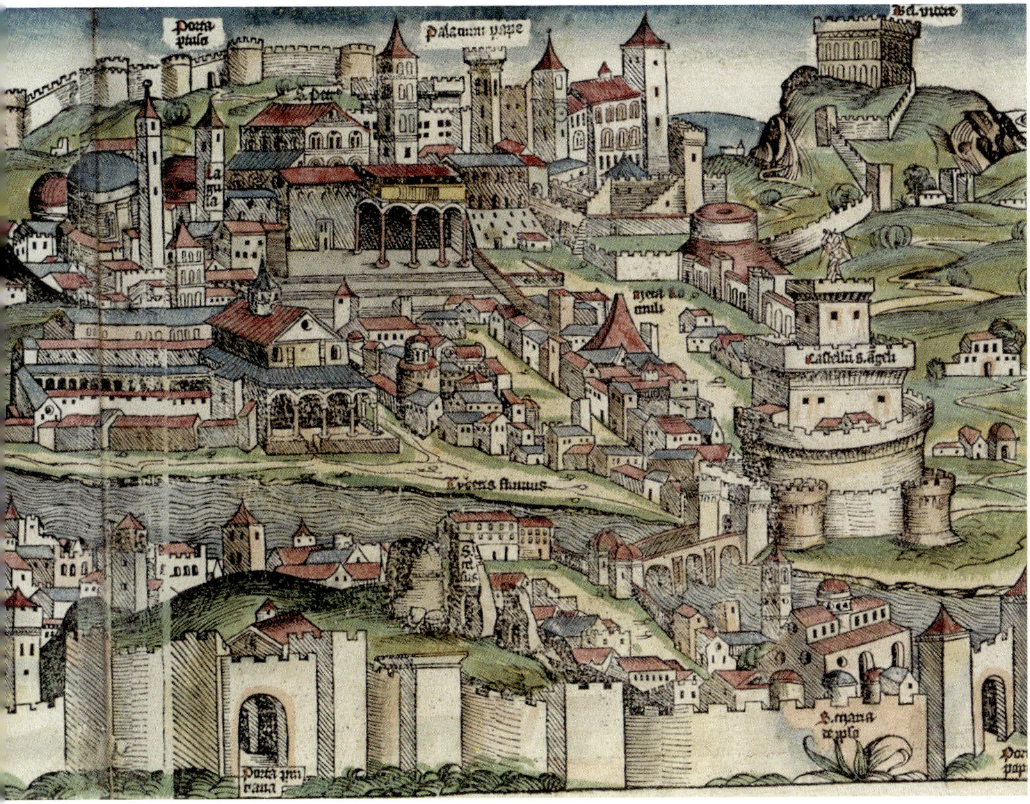

Innerhalb des Klosters besaß Luther großes Ansehen, und so war es kein Zufall, dass man ihn – gemeinsam mit einem anderen Ordensbruder – beauftragte, zur Klärung eines im Kloster ausgebrochenen Streits nach Rom zu pilgern. Luther machte sich im Winter 1510 auf den Weg. Zu Fuß natürlich, denn die bequeme Reise in einer Kutsche stand einem Augustinermönch nicht an. Für Martin Luther war dies die weiteste Reise, die er in seinem Leben unternehmen sollte. Nur dieses einzige Mal verließ er deutsches Territorium.

Rom, die Stadt der Päpste und Heiligen, war das Sehnsuchtsziel aller gläubigen Menschen des Mittelalters. Auch Luther war beeindruckt. Er fand Zeit, die Kirchen und Klöster, die Katakomben und Paläste zu sehen. Allerdings faszinierte ihn, der keinen ausgeprägten Sensus für die bildende Kunst besaß, die aufblühende Renaissancekunst nur wenig. Mehr als an den Fresken des Pinturicchio war er an dem Bildnis der Jungfrau Maria interessiert, weil es dem Evangelisten Lukas zugeschrieben wurde. Den neuen Petersdom, dessen Grundstein eben erst gelegt worden war, konnte er nur als Bauplatz sehen, und die großartigen Monumente der Antike ließen ihn kalt.

Was ihn dagegen erregte, waren das Lotterleben und der sittliche Verfall des italienischen Klerus. Wie konnte es nur möglich sein, dass die Priester ihre Messen schnell herunterleierten, um möglichst bald die römischen Hurenviertel besuchen zu können, fragte sich der deutsche Mönch verwirrt. Rückblickend schrieb er über seinen vierwöchigen Aufenthalt: „Ich bin zu Rom gewesen nicht lange, hab daselbst viel Messen gehalten und auch sehen viel Messen halten, dass mich grauet, wenn ich daran denke. Da hörte ich unter anderen groben Possen über Tische die Kurtisanen (päpstliche Hofleute) lachen und rühmen, wie etliche Messe hielten und über Brot und Wein sprechen diese Worte: Du bist Brot und wirst Brot bleiben. Du bist Wein und wirst Wein bleiben, und also aufgehoben. Nun, ich war ein junger, und recht ernster,

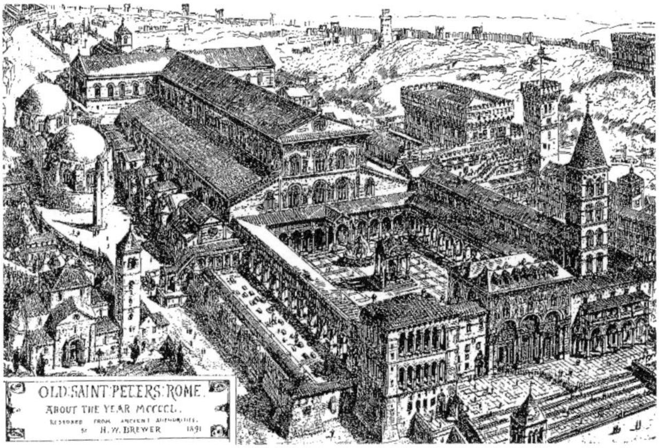

Zeichnung der konstantinischen Basilika über dem Grab des heiligen Petrus in Rom. Die Darstellung zeigt die Bausubstanz nach 1483 und vor 1506. Im Hintergrund rechts die Sixtinische Kapelle. Als Luther 1511 Rom besuchte, war die Basilika bereits abgerissen, um Platz für den neuen Petersdom zu machen.

frommer Mönch, dem solche Wort wehe taten. Was sollte ich doch denken? Was konnte mir anders einfallen denn solche Gedanken: Redet man hie zu Rom frei öffentlich über Tische also? Wie? Wenn sie allzumal, Papst, Kardinäle samt den Kurtisanen, also Messe hielten?“

Es war für den jungen Martin Luther ein Schock festzustellen, dass viele römische Kleriker das Sakrament der Eucharistie, in dem sich nach katholischer Lehre die Wandlung von Brot und Wein zu Leib und Blut Christi vollzog, längst nicht mehr ernst nahmen. In Rom, das dürfte ihm damals klar geworden sein, liefen die Dinge aus dem Ruder. Er kehrte desillusioniert nach Erfurt zurück.

Vom Theologieprofessor zum Reformator: Wittenberg

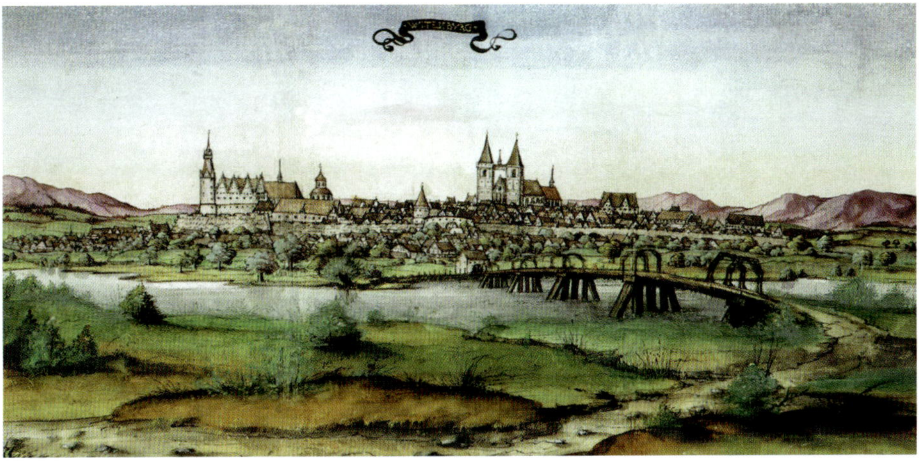

Die Stadt Wittenberg von der Elbe gesehen. Zeichnung aus dem Reisealbum des Pfalzgrafen Ottheinrich von 1536 in der Universitätsbibliothek Würzburg. Die Ansicht zeigt links das 1489–1525 mit zwei runden Ecktürmen neu errichtete Schloss, in der Mitte die vom Künstler nach Süden gedrehten Westtürme der Stadtkirche St. Marien vor ihrer Umgestaltung 1555–1558 und ganz rechts das Augustiner-Eremiten-Kloster, in dem Luther zunächst als Mönch und ab 1525 mit seiner Familie wohnte.

Als Luther im Spätsommer 1511 von Erfurt nach Wittenberg versetzt wurde, lebten hier nur etwa 2000 Menschen. Die am rechten Elbufer gelegene Stadt wurde 1180 erstmals urkundlich erwähnt und erhielt 1293 das Stadtrecht. Ursprünglich dem alten Herrschergeschlecht der Askanier gehörig, kam die Stadt in den Besitz der Wettiner, der sächsischen Herrscherdynastie. Als Sachsen 1485 zwischen den Brüdern Ernst und Albrecht geteilt wurde, fiel Wittenberg der ernestinischen Linie zu. Wittenberg hatte vor allem deshalb Bedeutung, weil mit seinem Besitz die Kurwürde, das heißt das nur wenigen Fürsten vorbehaltene Recht, den Kaiser zu wählen, verbunden war.

Davon abgesehen war Wittenberg ein ziemlich verschlafener Ort ohne große Bedeutung. Man lebte bescheiden von Handel und Handwerk, und kein Mensch konnte ahnen, dass die kleine Stadt an der Elbe einmal weltberühmt werden

Luther hat 35 Jahre lang im Gebäude des Wittenberger Augustiner-Eremiten-Klosters gewohnt. Nach seiner Heirat mit Katharina von Bora im Jahr 1525 wurde das frühere Kloster zum protestantischen Pfarrhaus, zum Ort eines lebendigen Familienlebens und zahlreicher Begegnungen mit Gästen, die von überall her anreisten. Links der Innenhof des Lutherhauses, rechts das aus Pirnaer Sandstein gearbeitete Eingangsportal, ein Geburtstagsgeschenk Katharina von Boras für ihren Mann.

sollte. Erst nach dem Regierungsantritt Friedrichs des Weisen (1463–1525, Kurfürst seit 1486) ging es mit Wittenberg aufwärts. Im späten 15. und frühen 16. Jahrhundert baute er die Stadt zur repräsentativen Residenz seines Kurfürstentums aus. Ein wichtiger Schritt dazu war die 1502 vollzogene Gründung der Universität, die später mit über 3000 eingeschriebenen Studenten um ein Vielfaches größer als die anderen deutschen Universitäten war.

Wie schon während seines ersten, vorübergehenden Aufenthalts bewohnte Luther nun das Klostergebäude der Augustiner-Eremiten. Hier konnte er bis zu seinem Lebensende bleiben, denn nach Auflösung des Ordens stellte ihm der Kurfürst das Haus zur Verfügung. Im rechten

Die Lutherstube, die zu den wichtigsten Räumen des 1883 eröffneten Lutherhauses gehört, ist ein getäfeltes Zimmer neben dem Saal des ersten Obergeschosses. Glücklicherweise hat sich an diesem Raum, in dem Luther tatsächlich gelebt und gearbeitet hat, bis heute kaum etwas verändert.

Teil des spätgotischen Gebäudes, der von Luthers Familie bewohnt wurde, blieb das als „Lutherstube" bekannte Wohnzimmer des Reformators erhalten. Der Fußboden, die Täfelung, aber auch die Bänke und der Eichenholztisch stammen noch aus Luthers Zeit.

Von großer Schönheit ist das Eingangsportal des Lutherhauses, das aus dem Jahr 1540 stammt. Es ist seitlich von zwei Sitznischen mit Baldachinen gerahmt, über denen sich ein spätgotischer Kielbogen erhebt, der in einer Kreuzblume ausläuft. Die Unterseiten des Baldachins zeigen rechts die Lutherrose und links ein Bildnis des Reformators, bei dem es sich um eines der ältesten Steinbilder Luthers handelt. Das Portal, das aus Pirnaer Sandstein gearbeitet wurde, ist ein

Die Wittenberger Schlosskirche war der Schauplatz des Thesenanschlags, der zum Ausgangspunkt der Reformation wurde. Ab 1489 als Teil des kurfürstlichen Schlosses erbaut, fiel die Kirche 1760 einem Brand zum Opfer. Dem barocken Wiederaufbau folgte im 19. Jahrhundert eine Rekonstruktion des mittelalterlichen Zustandes. Aus dieser Zeit stammt auch der neugotische Turm mit seinem markanten, mit reichem Maßwerk versehenen Helm, der die Kaiserkrone symbolisiert.

Geburtstagsgeschenk Katharina von Boras an ihren Mann. Im Lutherhaus befindet sich heute die größte reformationsgeschichtliche Sammlung der Welt.

Am 18. und 19. Oktober 1512 fand in der Schlosskirche Martin Luthers Promotionsfeier statt. Die Erlangung des theologischen Doktorgrades war die Voraussetzung für sein weiteres Wirken an der Universität. Luther selbst hielt allerdings zunächst nicht viel von dieser beruflichen Perspektive, doch Johann von Staupitz, der Generalvikar des Augustinerordens, hatte die Begabung des jungen Mannes längst erkannt. Luther erinnerte sich später an das entscheidende Gespräch mit ihm: „Unter diesem Baum vereinbarte Staupitz mit mir, dass ich Doktor werden sollte. Ich aber

hielt ihm 15 Gründe entgegen. Staupitz sagte: ‚Ei, Lieber, seid nicht klüger als der ganze Konvent und die Patres!‘ Darauf ich: ‚Ich bin sicher, dass ich nicht lange leben werde; wozu soll man so hohe Kosten aufwenden?‘ Staupitz antwortete: ‚Es ist gleich recht. Unser Herrgott hat viel zu schaffen im Himmel, wenn Ihr sterbt, so kommt Ihr in seinen Rat, denn er muss auch einige Doctores haben.‘ So hat er mich durch einen Scherz widerlegt.“

Da der mittellose Mönch die Promotionsgebühren nicht aufbringen konnte, erstattete ihm der Kurfürst den Betrag. Als Gegenleistung musste Luther sich dazu verpflichten, lebenslang Vorlesungen in Wittenberg zu halten. Die Schlosskirche, in der aufgrund ihrer gleichzeitigen

Die Schlosskirche von Wittenberg gilt als „Denkmal der Reformation“. Unterhalb der Kanzel befindet sich das Grabmal Martin Luthers. Auch sein Mitstreiter Philipp Melanchthon ist in dem einst als Universitätskirche dienenden Gotteshaus bestattet.

Die 1502 mit dem Beinamen „Leucorea“ (= weißer Berg) gegründete Universität Wittenberg erlangte durch Martin Luthers und Philipp Melanchthons Wirken weltgeschichtliche Bedeutung. Die Anfang des 16. Jahrhunderts errichteten Universitätsgebäude an der Collegienstraße 62 wurden später mehrfach umgebaut. Hier das „Collegium Fridericianum“ von der Hofseite gesehen.

Funktion als Universitätskirche die Promotion feierlich vollzogen wurde, ist eine spätgotische eingeschossige Halle mit mehrseitig geschlossenem Chor. Sie entstand 1489 bis 1507 als Teil des Schlosskomplexes nach Plänen von Conrad Pflüger. 1760 durch Brand zerstört, folgte anschließend ein Wiederaufbau als barocke Hofkapelle. Ende des 19. Jahrhunderts bemühte man sich um eine Rekonstruktion des gotischen Urzustands. Das Innere wurde als neugotische Ruhm- und Gedächtnishalle der Reformation angelegt. Leider blieb von der außerordentlich reichen Renaissanceausstattung, zu der auch Friedrichs des Weisen berühmte Reliquiensammlung zählte, fast nichts erhalten. Zu sehen sind noch einige Bronzeepitaphien, die aus der Nürnberger Vischer-Werkstatt stammen, sowie die Gräber von Luther und Melanchthon. Das äußere Erscheinungsbild der Kirche wird heute stark von dem 1892 vollendeten Turm geprägt,

dessen mit reichem Maßwerk geschmückte Kuppel die Kaiserkrone symbolisiert.
Das nach Friedrich dem Weisen, dem Gründer und Bauherrn, „Collegium Fridericianum“ benannte Gebäude der ehemaligen Universität, wo Luther nun sein Amt als Professor für Bibelexegese antreten konnte, befindet sich auf der Collegienstraße. Das auf der Hofseite gelegene Alte Kollegium wurde 1503/04 nach dem Entwurf des Wittenberger Schlossbaumeisters Conrad Pflüger erbaut. Von 1509 bis 1511 entstand direkt an der Straße das Neue Kollegium. Im Untergeschoss befanden sich die Hörsäle, darüber die schlichten Unterkünfte für die Studenten. Hier hielt Luther seine Vorlesungen und disputierte mit den Studenten. Zum Lehrkörper gehörten auch Philipp Melanchthon (1497–1560) und Andreas Bodenstein, genannt Karlstadt (um 1486–1541), zwei wichtige, wenn auch sehr gegensätzliche Persönlichkeiten der Reformation. Eine Gedenktafel neben dem Portal gibt Auskunft über berühmte Schüler und Lehrer der Universität. Im 19. Jahrhundert wurde das Gebäude mehrfach umgebaut.
Neben seiner Lehrtätigkeit, die er zeitlebens ausübte, hatte Luther seit 1514 auch die Predigerstelle an der Stadtkirche St. Marien inne.

Bildnis Martin Luthers als Augustinermönch. Dieser Kupferstich von Lucas Cranach d. Ä. von 1520 gilt als das erste wirklich an der Person Luthers ausgerichtete Porträt des Reformators. Die lateinische Inschrift besagt auf Deutsch: „Luther selbst hat die Zeugnisse seines Geistes verewigt, wogegen Lucas’ Darstellung vergänglich ist.“

Die 1187 erstmals erwähnte Wittenberger Stadtkirche St. Marien war die Predigtkirche Martin Luthers. Sie gilt als Mutterkirche der Reformation. 1523 wurde Johannes Bugenhagen (1485–1558), der „Reformator des Nordens", zum ersten evangelischen Pfarrer der Stadtkirche gewählt.

Die damit verbundene Verpflichtung zu zwei wöchentlichen Predigten erklärt den Umstand, dass er die meisten Predigten seines Lebens in dieser Kirche hielt. Hier führte er 1522 auch das evangelische Abendmahl „in beiderlei Gestalt", das heißt mit Brot *und* Wein, ein, legte 1524 demonstrativ die Mönchskutte ab und ließ sich ein Jahr darauf mit Katharina von Bora trauen.

Die Marienkirche ist das älteste Gebäude Wittenbergs. Ihre Ursprünge reichen ins 12. Jahrhundert zurück. Der zweischiffige Chor mit seinem Kreuzrippengewölbe entstand Anfang des 14. Jahrhunderts, die spätgotische Halle von 1411 bis 1439.

Das bemerkenswerteste Kunstwerk der Kirche ist der 1547 geweihte Reformationsaltar von Lucas Cranach d. Ä. In der mittleren Tafel ist die Einsetzung des Abendmahls dargestellt. Rechts im Vordergrund erkennt man im Kreis der zwölf Apostel Luther als Junker Jörg, der Lucas Cranach d. J. den Kelch reicht. Das linke Bild zeigt die Taufe mit Melanchthon in der Rolle des Täufers. Die rechte Tafel hat die Beichte zum Thema. Mit Johannes Bugenhagen (1485–1558) steht auch hier einer der Wittenberger Reformatoren im Zentrum des Geschehens. Besonders bekannt wurde das Predellengemälde „Die Wortverkündigung". Der predigende Luther weist auf den

gekreuzigten Christus in der Bildmitte. Zur Gemeinde in der linken Bildhälfte zählen Lucas Cranach d. Ä., Luthers Frau und einer seiner Söhne.

Luthers erste Wittenberger Jahre waren von der intensiven Suche nach der Wahrheit des Evangeliums gekennzeichnet. Noch immer beschäftigte ihn jene Frage, die ihn schon in der kargen Erfurter Mönchszelle um den Schlaf gebracht hatte: „Wie finde ich einen gnädigen Gott?" In seinen Vorlesungen zu den Psalmen, zum Römer-, Galather- und Hebräerbrief befasste er sich mit der Frage, wie man vor Gott als sündiger Mensch bestehen kann. Er kam dabei zu der Auffassung, dass dies nur im Glauben an den gekreuzigten Jesus Christus und einzig und allein durch die göttliche Gnade möglich sei.

Das klingt heute nicht besonders revolutionär, zu Luthers Lebzeiten war es das aber, und es wird deutlich, wenn man sich die zu Beginn des

Lucas Cranach d. Ä. schuf mit seinem 1547 geweihten Altar für die Wittenberger Stadtkirche das bedeutendste Altarwerk der Reformationszeit. In der mittleren Tafel ist die Einsetzung des Abendmahls dargestellt, rechts im Vordergrund erkennt man Luther als Junker Jörg, der Lucas Cranach d. J. den Kelch reicht. Das linke Bild zeigt Melanchthon in der Rolle Johannes des Täufers, auf der rechten Tafel, die der Beichte gewidmet ist, steht Bugenhagen im Zentrum des Geschehens. In der Predella (Abbildung auf Seite 14/15) weist Luther als Prediger auf den gekreuzigten Christus.

Polemisches Flugblatt auf den Ablasshandel des Papstes (rechts), den Geldhandel der Kaufleute (links) und den Betrug mit falschen Maßen und Gewichten (Mitte). Einblattholzschnitt von Jörg Breu d. Ä., um 1530

16. Jahrhunderts übliche kirchliche Praxis vor Augen führte: Sündenablass war zu einer käuflichen Ware verkommen. Wer zahlen konnte, dem stand auch ein Platz im Jenseits zur Verfügung. Was das bedeutete, kann man nur ermessen, wenn man sich die im Mittelalter weitverbreitete Angst vor den Qualen des Fegefeuers vor Augen führt, die den Sünder nach seinem Tod erwarteten.

Schlimm genug, dachte der Wittenberger Theologieprofessor, der schon längst erkannt hatte, dass sich der Ablasshandel nicht mit dem Inhalt der Bibel in Einklang bringen ließ. Als aber Papst Leo X. (Giovanni de' Medici, 1475–1521, Papst seit 1513) 1515 einen „Plenarablass“, der die völlige Vermeidung des Fegefeuers für diejenigen beinhaltete, die durch Spenden den Neubau des Petersdoms in Rom förderten, verkündet hatte, platzte Luther der Kragen. Vor allem das Wirken eines ganz besonders eifrigen Ablasshändlers brachte ihn auf. 1541 schrieb Luther rückblickend:

„Es geschah im Jahr, da man 1517 schrieb, dass ein Predigermönch mit Namen Johannes Tetzel, ein großer Clamant (Schreihals), welchen zuvor Herzog Heinrich hatte zu Innsbruck vom Sack erlöst ..., derselbige Tetzel führet nun den Ablass umher und verkauft Gnade ums Geld, so teuer oder wohlfeil er aus allen Kräften vermocht. Zu der Zeit war ich Prediger allhie im Kloster und ein junger Doktor, neulich aus der Esse gekommen, hitzig und lüstig in der Heiligen Schrift. Als nun viel Volks von Wittenberg lief dem Ablass nach gen Jüterbog, Zerbst etc. und ich (so wahr mich mein Herr Jesus Christus erlöst hat) nicht wusste, was der Ablass wäre, wie es denn kein Mensch nicht wusste, fing ich säuberlich an zu predigen, man könne wohl Besseres tun, das gewisser wäre, als Ablass zu lösen.“

Wie weit Tetzel das florierende Geschäft mit der Seelenerlösung auf die Spitze getrieben hat, geht aus einer anderen Äußerung Luthers hervor. Er schrieb: „Indes kommt vor mich, wie der Tetzel wieder hätte gepredigt gräulich schreckliche Artikel, der ich diesmal etliche will nennen: Er hätte solche Gnade und Gewalt vom Papst, wenn einer gleich die heilige Jungfrau Maria, Gottes Mutter, hätte geschwächt oder

„Sobald das Geld im Kasten klingt, die Seele aus dem Fegefeuer springt“: Mit diesem Satz warb der katholische Theologe und Dominikanermönch Johannes Tetzel (1465–1519) für den Ablass. Für die römische Kirche war das Geschäft mit der Angst vor den jenseitigen Höllenqualen gewinnbringend, für Luther war es Anlass zur Klage.

geschwängert, so könnte ers vergeben, wo derselbe in den Kasten lege, was sich gebühre."
Das hat Tetzel allerdings später energisch bestritten. Luther hat ihn auch nie persönlich predigen hören, sondern war immer auf die Berichte anderer angewiesen. Johannes Tetzel, der 1465 im sächsischen Pirna geboren worden war und 1519, also zwei Jahre nach Luthers Thesenanschlag, in Leipzig starb, gilt als eine Art Buhmann der Reformationsgeschichte. Angeblich war er wegen seines lasterhaften Vorlebens von Kaiser Maximilian I. (1459–1519, Kaiser seit 1508) zum Tode verurteilt und nur dank der Fürsprache des sächsischen Kurfürsten begnadigt worden. Diese und ähnliche Geschichten darf man getrost anzweifeln, selbst Luther hat wohl im Lauf der Zeit nicht mehr allzu viel darauf gegeben und seinem Widersacher einen versöhnlichen Brief in sein Sterbezimmer geschickt.
Dass Tetzel ein emsiger Ablasshändler war, steht ebenso außer Frage wie die Tatsache, dass er – um es modern auszudrücken – eine Menge von PR verstand. Bei seinem berühmt gewordenen Spruch „Sobald das Geld im Kasten klingt, die Seele aus dem Fegefeuer springt" dürfte es sich vermutlich um den ersten modernen Werbeslogan handeln. Doch Tetzel war dennoch nur einer von vielen, die mit dem Ablass einen schwunghaften Handel trieben. Luther war zwar über dieses Treiben erbost, doch er wusste genau, dass es sich nicht um das Problem Tetzel, sondern um viel grundsätzlichere Dinge handelte. Mit Zorn und Leidenschaft hatte er schon

mehrfach gegen den Ablass gepredigt. Friedrich der Weise, der natürlich davon gehört hatte, war allerdings nicht sonderlich erbaut davon. Schließlich hing er an seiner Reliquiensammlung, die ihrerseits Sünden erlösende Kraft besaß. Dennoch: Er ließ Tetzel nicht nach Kursachsen hinein, vor allem wohl, weil die Ablassgelder möglichst im Land bleiben sollten.

Anfangs hatte auch Luther den Ablass noch nicht grundsätzlich infrage gestellt. Es ging ihm nur um den offenkundigen Missbrauch, der damit getrieben wurde. Dagegen predigte er an, doch er tat noch mehr: Am 31. Oktober 1517 veröffentlichte Luther in Wittenberg seine 95 kritischen Thesen, um einen Disput über die Frage des Ablasses zu erreichen. Über die genauen Umstände dieses spektakulären Schrittes sind die Historiker noch immer unterschiedlicher Meinung. Tatsache ist aber, dass diese Thesen, die eigentlich nur für einen Streit unter Gelehrten gedacht waren, innerhalb kurzer Zeit enorme Wirkung zeigten. Die evangelische Kirche feiert am 31. Oktober das Reformationsfest und begeht damit den Jahrestag ihrer Gründung.

Davon konnte allerdings im Jahr des Herrn 1517 keine Rede sein. Es war auch keineswegs so, dass Luther mit donnernden Hammerschlägen, deren Widerhall bis nach Rom zu hören war, den Papst, den Kaiser und den Rest der Welt mutig herausgefordert hätte. Denn die Thesen waren nicht eine revolutionäre Kampfschrift, sondern ein gelehrtes, wenngleich polemisch formuliertes Positionspapier, das eigentlich nur

Dieser Druck aus dem Jahr 1517 ist eines von drei noch vorhandenen Exemplaren der 95 Thesen Martin Luthers. Er stammt aus der Druckerei von Hieronymus Höltzel in Nürnberg und wird in der Staatsbibliothek zu Berlin verwahrt. Die auf Latein verfassten kritischen Anmerkungen zu Gott, Kirche und Welt waren eigentlich für den akademischen Gebrauch bestimmt. Durch Übersetzungen und die Vervielfältigung im wenige Jahrzehnte zuvor erfundenen Buchdruck erlangten sie jedoch unerwartet weite Verbreitung. Insbesondere mit der Kritik am Ablasshandel hatte Luther den Nerv der Zeit getroffen.

im Expertenkreis diskutiert werden sollte. Die Veröffentlichung von Thesen war etwas ganz Alltägliches, das in der Regel nur Theologen zu interessieren pflegte. Wer sollte also ahnen, dass Luthers 95 kritische Anmerkungen zu Gott, Kirche und Welt, die noch dazu in Latein formuliert waren, das außer einer kleinen Schicht von Gebildeten kein Mensch verstand, ein neues Zeitalter einleiten würden?

Doch das Unerwartete trat ein: Der Text wurde übersetzt, vervielfältigt, überallhin verbreitet und diskutiert. Der Autor selbst war über diese unerwartete Resonanz erstaunt, die sich nur daraus erklären lässt, dass er mit der Ablassfrage, dem wichtigsten, wenn auch nicht einzigen Inhalt der Thesen, den Nerv der Zeit haargenau getroffen hatte. Später urteilte er: „Die Thesen liefen in vierzehn Tagen durch ganz Deutschland, denn alle Welt klagte über den Ablass." Noch wenige Jahrzehnte zuvor wäre so etwas nicht möglich gewesen, denn die Voraussetzung für die schnelle Verbreitung der Thesen war der Buchdruck mit beweglichen Metalllettern, den Johannes Gutenberg erst Mitte des 15. Jahrhunderts in Mainz erfunden hatte. So markiert die Reformation, die sich ohne das Medium des Buchdrucks nicht denken lässt, zugleich den Beginn des Medienzeitalters.

Doch wenden wir uns wieder dem historischen Geschehen vom 31. Oktober 1517 zu. Ob Luther seine Ablass-Thesen nun tatsächlich an diesem Tag mit Hammer und Nagel an die Tür der Schlosskirche angeschlagen hat, die damals

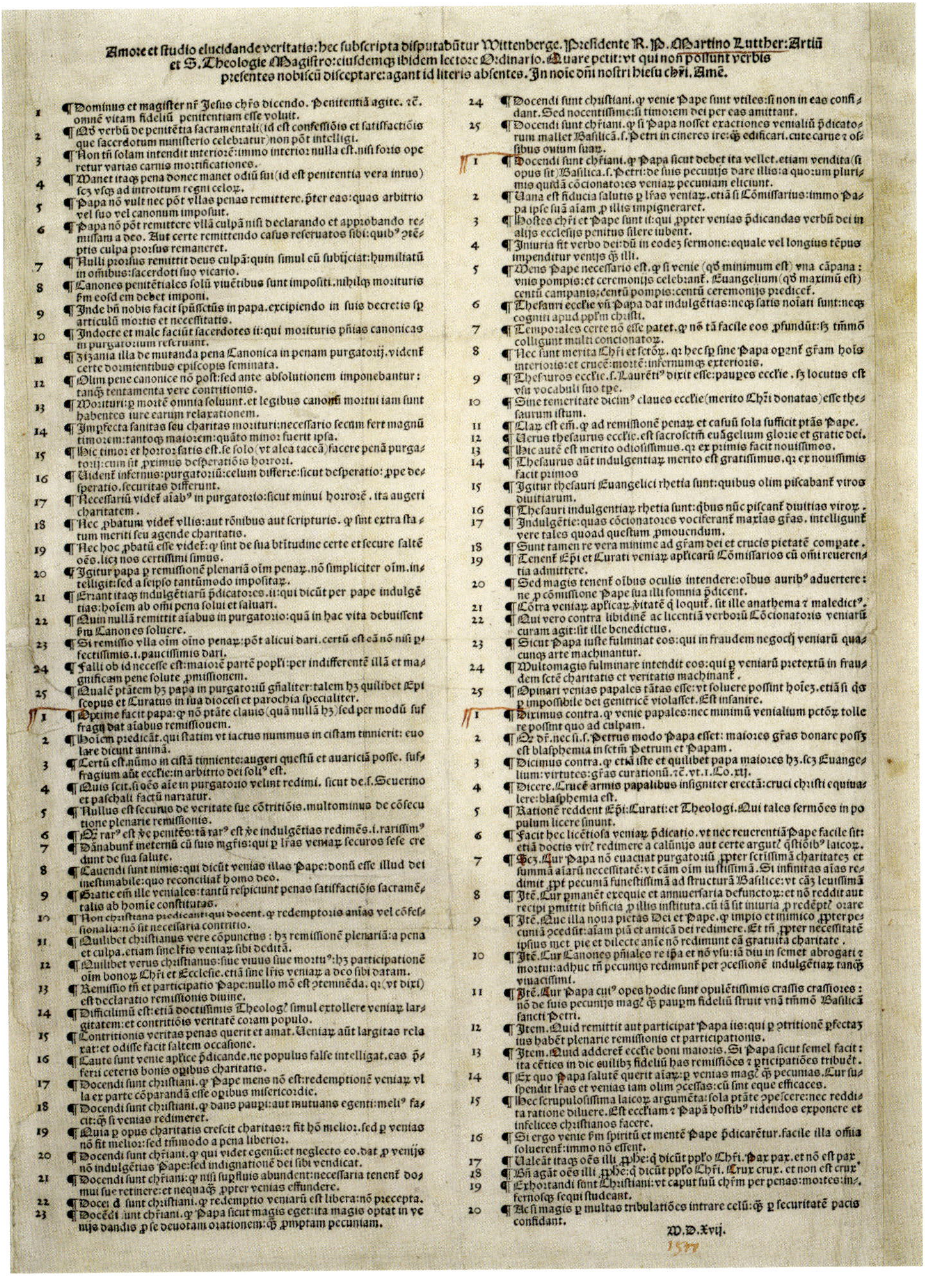
Amore et studio elucidande veritatis: hec subscripta disputabūtur Wittenberge. Presidente R. P. Martino Lutther: Artiū et S. Theologie Magistro: eiusdemq; ibidem lectore Ordinario. Quare petit: vt qui non possunt verbis presentes nobiscū disceptare: agant id literis absentes. In noie dñi nostri hiesu chri. Amē.

1 Dominus et magister nr̄ Jesus chrs dicendo. Penitentiā agite. &c. omnē vitam fideliū penitentiam esse voluit.
2 Qđ verbū de penitētia sacramentali (id est confessiōis et satisfactiōis que sacerdotum ministerio celebratur) non pōt intelligi.
3 Non tñ solam intendit interiorē: immo interior nulla est. nisi foris operetur varias carnis mortificationes.
4 Manet itaq; pena donec manet odiū sui (id est penitentia vera intus) scz vsq; ad introitum regni celorz.
5 Papa nō vult nec pōt vllas penas remittere. pter eas: quas arbitrio vel suo vel canonum imposuit.
6 Papa nō pōt remittere vllā culpā nisi declarando et approbando remissam a deo. Aut certe remittendo casus reseruatos sibi: quib⁹ ptēptis culpa prorsus remaneret.
7 Nulli prorsus remittit deus culpā: quin simul eū subijciat: humiliatū in omibus: sacerdoti suo vicario.
8 Canones penitētiales solū viuētibus sunt impositi. nihilq; morituris fm eosdem debet imponi.
9 Inde bñ nobis facit spūsctūs in papa. excipiendo in suis decretis sp articulū mortis et necessitatis.
10 Indocte et male faciūt sacerdotes ij: qui morituris pñias canonicas in purgatorium reseruant.
11 Zizania illa de mutanda pena Canonica in penam purgatorij. videnť certe dormientibus episcopis seminata.
12 Olim pene canonice nō post: sed ante absolutionem imponebantur: tanq; tentamenta vere contritionis.
13 Morituri: p mortē omnia soluunt. et legibus canonū mortui iam sunt habentes iure earum relaxationem.
14 Impfecta sanitas seu charitas morituri: necessario secum fert magnū timorem: tantoq; maiorē: quāto minor fuerit ipsa.
15 Hic timor et horror satis est. se solo (vt alia taceā) facere penā purgatorij: cum sit ꝓximus desperatiōis horrori.
16 Videnť infernus: purgatoriū: celum differre: sicut desperatio: ꝓpe desperatio. securitas differunt.
17 Necessariū videť aiab⁹ in purgatorio: sicut minui horrorē. ita augeri charitatem.
18 Nec ꝓbatum videť vllis: aut rōnibus aut scripturis. q̄ sint extra statum meriti seu agende charitatis.
19 Nec hoc ꝓbatū esse videť: q̄ sint de sua btitudine certe et secure saltē oēs. licz nos certissimi simus.
20 Igitur papa p remissionē plenariā oim penarz. nō simpliciter oim. intelligit: sed a seipso tantūmodo impositarz.
21 Errant itaq; indulgētiarū pdicatores ij: qui dicūt per pape indulgētias: hoiem ab omi pena solui et saluari.
22 Quin nullā remittit aiabus in purgatorio: quā in hac vita debuissent fm Canones soluere.
23 Si remissio vlla oim oino penarz: pōt alicui dari. certū est eā nō nisi pfectissimis. i. paucissimis dari.
24 Falli ob id necesse est: maiorē partē popli: per indifferentē illā et magnificam pene solute ꝓmissionem.
25 Qualē ptātem hz papa in purgatoriū gnaliter: talem hz quilibet Epīscopus et Curatus in sua diocesi et parochia specialiter.
1 Optime facit papa: q̄ nō ptāte clauis (quā nullā hz) sed per modū suffragij dat aiabus remissionem.
2 Hoiem predicāt. qui statim vt iactus nummus in cistam tinnierit: euolare dicunt animā.
3 Certū est. nūmo in cistā tinniente: augeri questū et auariciā posse. suffragium aūt eccl'ie: in arbitrio dei soli⁹ est.
4 Quis scit. si oēs aie in purgatorio velint redimi. sicut de s. Seuerino et paschali factū narratur.
5 Nullus est securus de veritate sue cōtritiōis. multominus de cōsecutione plenarie remissionis.
6 Qz rar⁹ est vere penitēs: tā rar⁹ est vere indulgētias redimēs. i. rarissim⁹.
7 Dānabunť ineternū cū suis mgris: qui p lras veniarz securos sese credunt de sua salute.
8 Cauendi sunt nimis: qui dicūt venias illas Pape: donū esse illud dei inestimabile: quo reconciliať homo deo.
9 Gratie enī ille veniales: tantū respiciunt penas satisfactiōis sacramētalis ab homie constitutas.
10 Non christiana predicant: qui docent. q̄ redemptoris aias vel cōfessionalia: nō sit necessaria contritio.
11 Quilibet christianus vere cōpunctus: hz remissionē plenariā: a pena et culpa. etiam sine lris veniarz sibi debitā.
12 Quilibet verus christianus: siue viuus siue mortu⁹: hz participationē oim bonorz Chri et Ecclesie. etiā sine lris veniarz a deo sibi datam.
13 Remissio tñ et participatio Pape: nullo mō est ɔtemnēda. q: (vt dixi) est declaratio remissionis diuine.
14 Difficilimū est: etiā doctissimis Theolog: simul extollere veniarz largitatem: et contritiōis veritatē coram populo.
15 Contritionis veritas penas querit et amat. Veniarz aūt largitas relaxat: et odisse facit saltem occasione.
16 Caute sunt venie aplice pdicande. ne populus false intelligat. eas pferri ceteris bonis operibus charitatis.
17 Docendi sunt christiani. q̄ Pape mens nō est: redemptionē veniarz vlla ex parte cōparandā esse operibus misericordie.
18 Docendi sunt christiani. q̄ dans pauperi: aut mutuans egenti: meli⁹ facit: q̄ si venias redimeret.
19 Quia p opus charitatis crescit charitas: et fit hō melior. sed p venias nō fit melior: sed tm̄modo a pena liberior.
20 Docendi sunt chriani. q̄ qui videt egenū: et neglecto eo. dat p venijs nō indulgētias Pape: sed indignationē dei sibi vendicat.
21 Docendi sunt chriani: q̄ nisi supfluis abundent: necessaria tenenť domui sue retinere: et nequaq; ꝓpter venias effundere.
22 Docēdi sunt christiani. q̄ redemptio veniarū est libera: nō precepta.
23 Docēdi sunt chriani. q̄ Papa sicut magis eget: ita magis optat in venijs dandis p se deuotam orationem: q̄ ꝓmptam pecuniam.
24 Docendi sunt christiani. q̄ venie Pape sunt vtiles: si non in eas confidant. Sed nocentissime: si timorem dei per eas amittant.
25 Docendi sunt chriani. q̄ si Papa nosset exactiones venialiū pdicatorum mallet Basilicā. s. Petri in cineres ire: q̄ edificari. cute carne et ossibus ouium suarz.
1 Docendi sunt chriani. q̄ Papa sicut debet ita vellet. etiam vendita (si opus sit) Basilica. s. Petri: de suis pecunijs dare illis: a quorum plurimis quidā cōcionatores veniarz pecuniam eliciunt.
2 Vana est fiducia salutis p lras veniarz. etiā si Cōmissarius: immo Papa ipse suā aiam p illis impigneraret.
3 Hostes chri et Pape sunt ij: qui ꝓpter venias pdicandas verbū dei in alijs ecclesijs penitus silere iubent.
4 Iniuria fit verbo dei: dū in eodez sermone: equale vel longius tēpus impenditur venijs q̄ illi.
5 Mens Pape necessario est. q̄ si venie (qđ minimum est) vna cāpana: vnis pompis: et ceremonijs celebranť. Euangelium (qđ maximū est) centū campanis: centū pompis: centū ceremonijs predicet.
6 Thesauri eccl'ie vñ Papa dat indulgētias: neq; satis noiati sunt: neq; cogniti apud ppl'm christi.
7 Temporales certe nō esse patet. q̄ nō tā facile eos ꝓfundūt: sz tm̄mō colligunt multi concionatorz.
8 Nec sunt merita Chri et sctorz. q: hec sp sine Papa operanť gr̄am hoīs interioris: et crucē: mortē: infernumq; exterioris.
9 Thesauros eccl'ie. s. Laurenti⁹ dixit esse: paupes eccl'ie. sz locutus est vsu vocabuli suo tpe.
10 Sine temeritate dicim⁹ claues eccl'ie (merito Chri donatas) esse thesaurum istum.
11 Clarz est enī. q̄ ad remissionē penarz et casuū sola sufficit ptās Pape.
12 Verus thesaurus eccl'ie. est sacrosctm euāgelium glorie et gratie dei.
13 Hic autē est merito odiosissimus. q: ex primis facit nouissimos.
14 Thesaurus aūt indulgentiarz merito est gratissimus. q: ex nouissimis facit primos.
15 Igitur thesauri Euangelici rhetia sunt: quibus olim piscabanť viros diuitiarum.
16 Thesauri indulgentiarz rhetia sunt: qbus nūc piscanť diuitias virorz.
17 Indulgētie: quas cōcionatores vociferanť maximas grās. intelligunť vere tales quoad questum ꝓmouendum.
18 Sunt tamen re vera minime ad grām dei et crucis pietatē compate.
19 Tenenť Epi et Curati veniarz aplicarū Cōmissarios cū omi reuerentia admittere.
20 Sed magis tenenť oībus oculis intendere: oībus aurib⁹ aduertere: ne ꝓ cōmissione Pape sua illi somnia pdicent.
21 Cōtra veniarz aplicarz ṽitatē q̄ loquiť. sit ille anathema et maledict⁹.
22 Qui vero contra libidinē ac licentiā verborū Cōcionatoris veniarū curam agit: sit ille benedictus.
23 Sicut Papa iuste fulminat eos: qui in fraudem negocij veniarū quacunq; arte machinantur.
24 Multomagis fulminare intendit eos: qui p veniarū pretextū in fraudem scte charitatis et veritatis machinanť.
25 Opinari venias papales tātas esse: vt soluere possint hoiez. etiā si qs p impossibile dei genitricē violasset. Est insanire.
1 Dicimus contra. q̄ venie papales: nec minimū venialium pctōrz tollere possint quo ad culpam.
2 Qz dr. nec si. s. Petrus modo Papa esset: maiores grās donare possz est blasphemia in sctm̄ petrum et Papam.
3 Dicimus contra. q̄ etiā iste et quilibet papa maiores hz. scz Euangelium: virtutes: grās curationū. &c. vt. i. Co. xij.
4 Dicere. Crucē armis papalibus insigniter erectā: cruci christi equiualere: blasphemia est.
5 Rationē reddent Epi: Curati: et Theologi. Qui tales sermōes in populum licere sinunt.
6 Facit hec licētiosa veniarz pdicatio. vt nec reuerentiā Pape facile sit: etiā doctis virī redimere a calūnijs aut certe argutē qstiōib⁹ laicorz.
7 Scz. Cur papa nō euacuat purgatoriū ꝓpter sctissimā charitatez et summā aiarū necessitatē: vt cām oim iustissimā. Si infinitas aias redimit ꝓpt pecuniā funestissimā ad structurā Basilice: vt cāz leuissimā.
8 Itē. Cur pmanēt exequie et anniuersaria defunctorz: et nō reddit aut recipi pmittit bñficia ꝓ illis instituta. cū iā sit iniuria p redēpt: orare.
9 Itē. Que illa noua pietas Dei et Pape. q̄ impio et inimico ꝓpter pecuniā ɔcedūt: aiam piā et amicā dei redimere. Et tñ ꝓpter necessitatē ipsius met pie et dilecte anie nō redimunt eā gratuita charitate.
10 Itē. Cur Canones pñiales re ipa et nō vsu: iā diu in semet abrogati et mortui: adhuc tñ pecunijs redimunť per ɔcessionē indulgētiarz tanq; viuacissimi.
11 Itē. Cur Papa cui⁹ opes hodie sunt opulētissimis crassis crassiores: nō de suis pecunijs mag⁹ q̄ paupm fideliū struit vnā tm̄mō Basilicā sancti Petri.
12 Item. Quid remittit aut participat Papa ijs: qui p ɔtritionē pfectaz ius habēt plenarie remissionis et participationis.
13 Item. Quid adderet eccl'ie boni maioris. Si Papa sicut semel facit: ita cēties in die cuilibz fideliū has remissiōes et pticipatiōes tribuet.
14 Ex quo Papa salutē querit aiarz: p venias mag⁹ q̄ pecunias. Cur suspendit lras et venias iam olim ɔcessas: cū sint eque efficaces.
15 Hec scrupulosissima laicorz argumēta: sola ptāte ɔpescere: nec reddita ratione diluere. Est eccl'iam et Papā hostib⁹ ridendos exponere et infelices christianos facere.
16 Si ergo venie fm spiritū et mentē Pape pdicarētur. facile illa omia soluerenť: immo nō essent.
17 Valeāt itaq; oēs illi ꝓphe: q̄ dicūt ppl'o Chri. Pax pax. et nō est pax.
18 Bñ agāt oēs illi ꝓphe: q̄ dicūt ppl'o Chri. Crux crux. et non est crux.
19 Exhortandi sunt Christiani: vt caput suū chrm per penas: mortes: infernosq; sequi studeant.
20 Ac sic magis p multas tribulatiōes intrare celū: q̄ p securitatē pacis confidant.

M.D.Xvij.

1517

31. Oktober 1517, ein Eckdatum der europäischen Geschichte. An diesem Tag veröffentlichte Luther seine 95 kritischen Thesen. Ob es sich allerdings so abgespielt hat, wie es auf dieser Federlithografie von Johann Erdmann Hummel aus dem Jahr 1820 dargestellt ist, darf bezweifelt werden. Die genauen Umstände des „Thesenanschlags" sind unter Historikern bis heute umstritten.

gewissermaßen als „Schwarzes Brett" der Universität diente, oder ob er sie nur verschickt hat, wird sich vermutlich niemals endgültig klären lassen. Und eigentlich ist es ja auch ohne Belang. Die originale Thesentür, sollte es sie denn gegeben haben, wurde jedenfalls 1760 während des Siebenjährigen Kriegs durch Brand zerstört.

Die heutige, aufwendig als Reformationsdenkmal gestaltete Bronzetür stammt von 1858. In den Türflügeln ist der lateinische Text der Thesen in Gutenberg'schen Minuskeln wiedergegeben. Das Gemälde im Tympanon, das der Berliner Maler August von Kloeber schuf, zeigt Luther mit der Bibel und Melanchthon mit der Confessio Augustana, den Gekreuzigten anbetend. Im Hintergrund ist die Wittenberger Stadtsilhouette zu sehen.

Rom war zwar weit, aber man schlief dort nicht. Man beobachtete vielmehr sehr genau, was sich da in Wittenberg zusammenbraute, und reagierte entsprechend: 1518 wurde Luther von dem mächtigen Mainzer Kardinal Albrecht von Brandenburg offiziell in Rom angezeigt. Leo X. kochte, er nannte Luther „ein Kind des Verderbens, einen grimmigen Feind unseres Heils" und schickte die Dominikaner gegen ihn an die Front. Sie eröffneten ein Verfahren gegen den unbotmäßigen Kritiker. Er sollte nach Rom kommen, um sich vor dem Inquisitionsgericht in einer Art Schauprozess zu verantworten, dessen Ausgang von vornherein festgestanden hätte. Ketzer, darüber waren sich die hohen geistlichen Herren allesamt einig, gehörten nirgendwo anders hin als auf den Scheiterhaufen. Doch es sollte ganz anders kommen.

Sehen wir uns aber zuvor noch etwas um in jener Stadt, die durch den Thesenanschlag und Luthers langjähriges Wirken zur weltberühmten Hauptstadt der Reformation geworden ist: Auf dem Marktplatz steht ein besonders repräsentatives Lutherdenkmal. Ursprünglich für die Grafschaft Mansfeld bestimmt, wurde das Denkmal auf Befehl des preußischen Königs Friedrich Wilhelm III. (1770–1840) schließlich in Wittenberg errichtet. Die Statue ist ein Werk des Berliner Bildhauers Johann Gottfried Schadow, der damit das in künstlerischer Hinsicht bedeutendste unter den zahlreichen Lutherdenkmälern des 19. Jahrhunderts schuf. Den neugotischen Baldachin entwarf Karl Friedrich Schinkel. Anlässlich der 300-Jahr-Feier des Thesenanschlags wurde 1817 der Grundstein gelegt, vier Jahre später konnte das Denkmal eingeweiht werden.

Die bronzene „Thesentür“ der Wittenberger Schlosskirche stammt aus dem Jahr 1858. König Friedrich Wilhelm IV. von Preußen schenkte sie der Stadt zum 375. Geburtstag Luthers. Die originale Holztür ist 1760 im Siebenjährigen Krieg verbrannt. Kurfürst Friedrich der Weise hatte ab 1489 anstelle der alten Wittenberger Burg das Renaissanceschloss mit der Schlosskirche erbauen lassen, die auch als Universitätskirche diente.

Das zweite, erst 1865 von Friedrich Drake gefertigte Denkmal, das nur wenig entfernt steht, ist Luthers Weggefährten Philipp Melanchthon gewidmet. Die Konzeption des mit einem Baldachin von Johann Heinrich Strack versehenen Monuments zielt bewusst darauf ab, ein Gegenstück zu dem berühmten Lutherdenkmal zu schaffen und die Gestaltung des Marktes abzurunden.

Das Rathaus ist eines der schönsten städtischen Renaissancebauwerke in Mitteldeutschland. Gebaut wurde es von 1523 bis 1541, also während der Anwesenheit Luthers in Wittenberg. Der Altan über dem Portal sowie die markanten Zwerchgiebel kamen 1573 dazu. Im Zimmer des Bürgermeisters hängen noch heute zwei Porträts der Reformatoren Luther und Melanchthon, die der Cranachwerkstatt entstammen. Lucas Cranach d. Ä, der mit Luther befreundet war und mit seiner Malerei und Grafik die Ziele der Reformation kräftig gefördert hat, amtierte selbst von 1537 bis 1544 als Bürgermeister in diesem Rathaus. Außerdem betrieb er die Stadtapotheke, eine Buchhandlung und vor allem seine florierende Werkstatt, durch die Wittenberg zu einem wichtigen deutschen Kunstzentrum wurde. Zu den schönen Renaissance-Bürgerhäusern, die den Markt säumen, gehört auch das Haus Nr. 4, das Cranach 1511 erwarb und in dem sein Sohn Lucas Cranach d. J. 1515 geboren wurde. Hinter der Ostseite des Platzes erhebt sich die malerische Doppelturmfront der Stadtkirche St. Marien.

Der Wittenberger Markt mit der Stadtkirche St. Marien und dem 1523–1541 erbauten Renaissancerathaus (links). Im Vordergrund links das 1865 aufgestellte Denkmal für Philipp Melanchthon, in der Mitte das 1821 eingeweihte Lutherdenkmal. Die Reformationsstätten der Lutherstadt Wittenberg gehören seit 1996 zum UNESCO-Weltkulturerbe.

Die Kontroverse spitzt sich zu: Augsburg, Altenburg, Leipzig

Augsburg in der Schedelschen Weltchronik 1493. Die im schwäbisch-bayerischen Alpenvorland gelegene Reichsstadt war zu Luthers Zeit für Deutschland etwa so wichtig wie heute Frankfurt am Main, eine Hochburg des Geldes. Hier saßen die Fugger, von denen sich sogar die Päpste gelegentlich Geld leihen mussten.

Nach Rom muss Luther nun doch nicht kommen. Das weiß sein Landesherr, Kurfürst Friedrich der Weise, der sich für die reformatorischen Gedanken erwärmt, zu verhindern. Der Papst steckt in einer Zwickmühle: Einerseits kann er die Angelegenheit unter keinen Umständen auf sich beruhen lassen, andererseits ist er dem sächsischen Kurfürsten politisch verpflichtet. Nicht nach Rom, sondern nach Augsburg soll Luther 1518 gehen, um sich dort von Kardinal Cajetan verhören zu lassen.

Damals war das im schwäbisch-bayerischen Alpenvorland gelegene Augsburg für Deutschland ungefähr so wichtig wie heute Frankfurt am Main: eine Hochburg des Kapitals, denn hier saßen die Fugger und Welser, die einen ausgedehnten Handel trieben und die Finanzwirtschaft fest im Griff hatten. Augsburg war daher eine prächtige Stadt mit Kirchen, Klöstern und stattlichen Bürgerhäusern. Die Stadt, deren Namen sich ab 1530 mit der grundlegenden Bekenntnisschrift der Lutherischen Kirche, der Confessio Augustana oder dem „Augsburgischen

Im Mittelhof der sogenannten Fuggerhäuser am Augsburger Weinmarkt, der heutigen Maximilianstraße, fand im Oktober 1518 die Befragung Luthers durch Kardinal Cajetan statt. Das von den Fuggern ab 1511 als Firmenzentrale und prächtiger Stadtpalast ausgebaute Häuserensemble wurde im Zweiten Weltkrieg zerstört und anschließend vereinfacht wieder aufgebaut. Postkarte um 1910

Bekenntnis", verbinden sollte, hat trotz Kriegszerstörungen bis heute ein reizvolles altdeutsches Stadtbild bewahrt. Besonders schön sind die Spätrenaissancebauten des Architekten Elias Holl, zu denen das Rathaus, das Zeughaus und einige prachtvolle Patrizierhäuser gehören.

Luther kam im Karmeliterkloster St. Anna unter, er wohnte im St.-Annen-Hof, dem Pfarrhaus des Klosters, wo heute das reformationshistorische Museum „Lutherstiege" die damaligen Ereignisse in moderner medialer Inszenierung präsentiert. Das Verhör fand jedoch in dem neuen, prunkvollen Häuserensemble der Familie Fugger am Weinmarkt statt. Es war eine allererste Adresse, das Beste, was die Stadt damals zu bieten hatte. Im Zweiten Weltkrieg wurde der Fuggerpalast, in dem auch Kaiser Maximilian wäh-

Martin Luther in Augsburg vor Cajetan, 1518. Holzstich von Max Weber aus dem Jahr 1889 nach einem Gemälde von Wilhelm Ritter von Lindenschmit (1829–1895)

rend des Reichstags 1518 logiert hatte, vollständig zerstört, später aber nach alten Ansichten wieder aufgebaut. Luther, der mit gemischten Gefühlen gekommen war, zeigte sich von der ganzen Pracht wenig beeindruckt. 1540 erinnerte er sich: „Ich kam zu Cajetan. Man hatte mich instruiert, wie ich mich verhalten sollte. So warf ich mich zuerst zu Boden. Er befahl mir aufzustehen, ich erhob mich. Darauf redete er mich freundlich an: ‚Und du hast Deutschland mit einer Disputation über den Ablass in Unruhe versetzt? (Denn gegen die übrigen Artikel über Christus und die Rechtfertigung sagte niemand etwas.) Wenn du ein gehorsames Glied der Kirche sein willst: Widerrufe! Es wird ohne Gefahr für dich sein. Denn ich habe gehört, du seiest ein gelehrter Doktor und hättest viele Schüler.'"

Seit 1243 wurde Altenburg von den Wettinern regiert. Das Schloss, das sich über der Stadt erhebt, entstand auf den Grundmauern einer alten Kaiserpfalz vom 16. bis zum 18. Jahrhundert. In der Schlosskirche predigte Luther im Jahr 1530 auf der Rückreise von der Veste Coburg.

Doch an einem gnädigen Papst war Luther sehr viel weniger gelegen als an dem gnädigen Gott, den er durch sein Bibelstudium gefunden zu haben glaubte. Er widerriefe nicht, es sei denn, er würde „von der Heiligen Schrift" eines Besseren belehrt, sagte er am nächsten Tag. Er ging sogar noch einen entscheidenden Schritt weiter: „Der heilige Vater verfälscht die Schrift", sagte er dem mächtigen Cajetan ins Gesicht, worauf der erregt erwiderte: „Geh weg, entweder widerrufst du, oder du kommst nicht zurück."

Nach diesem Eklat war der Augsburger Boden für Luther heiß geworden. Bei Nacht und Nebel verließ er die Stadt durch ein kleines Tor in der Mauer und kehrte nach Wittenberg zurück.

Für einige Monate schien nun Ruhe eingekehrt zu sein. Um die Spannungen nicht eskalieren zu lassen, bemühte sich der päpstliche Nuntius am sächsischen Hof, Karl von Miltitz, um einen Ausgleich. Im Januar 1519 bat er Luther zu einem Gespräch nach Altenburg. Die Stadt, die seit 1243 von den Wettinern regiert wurde, hatte damals etwa 1500 Einwohner, fünf Klöster und mehrere Kirchen. Schon seit dem 10. Jahrhundert erhob sich über der Stadt eine Burg, die im 12. Jahrhundert zur Kaiserpfalz ausgebaut wurde. Auf den Grundmauern dieser alten Burganlage entstanden das heutige, im 16. und 18. Jahrhundert

erneuerte Schloss und die 1404–1414 erbaute Schlosskirche, in der Luther 1530, einige Jahre nach seinem ersten Altenburg-Aufenthalt, predigte. Zu den Sehenswürdigkeiten der Stadt zählt auch die Bartholomäikirche, die anstelle eines romanischen Vorgängerbaus zwischen 1490 und 1510 erbaut wurde.

Als Luther am 3. Januar 1519 in Altenburg eintraf, fand er Quartier im (nicht erhaltenen) Haus Unter dem Schloss Nr. 1, das dem Domherrn des Georgenstifts, Luthers Weggefährten Georg Spalatin (1484–1545), gehörte. Von Miltitz hatte ein Gespräch arrangiert, an dem auch der kurfürstliche Rat Fabian von Feilitzsch teilnahm. Die Unterredung, die in unerwartet freundlicher Atmosphäre verlief, führte zu einem geheimen Stillhalteabkommen, in dem sich Luther in dem strittigen Punkt des Ablasses zum Schweigen verpflichtete, solange auch seine Gegner schwiegen. Das taten sie allerdings nicht. Nach einer heftigen Kontroverse zwischen dem Wittenberger Theologieprofessor Andreas Bodenstein, der Karlstadt genannt wurde, und seinem Ingolstädter Kollegen Johannes Eck wurde eine große Disputation vereinbart, bei der nicht nur Karlstadt, sondern auch Luther auf Eck treffen sollte. Ort des mit Spannung erwarteten Wortduells: Leipzig, Zeit: Juli 1519.

Der Humanist und Theologe Georg Spalatin (1484–1545) besaß als Geheimsekretär und Hofprediger Friedrichs des Weisen das Vertrauen des Kurfürsten und bewog ihn zur Förderung und zum Schutz seines Freundes Martin Luther. Der Reformator fand 1519 in Altenburg bei Spalatin Quartier, der dort seit 1511 Mitglied des Chorherrenstifts an der Schlosskirche war. Spalatins Porträt malte Lucas Cranach d. Ä. im Jahr 1509.

Luthers Verhältnis zu Leipzig war nicht problemlos. Nach der Leipziger Disputation (1519), die auf der alten Pleißenburg stattfand, war Luther hier lange Zeit als Prediger Persona non grata. Erst 1539, zwanzig Jahre danach, wurde Leipzig evangelisch. Der Kupferstich zeigt eine Ansicht der wohlhabenden Messestadt aus dem frühen 17. Jahrhundert.

Schon 1512 war Luther einmal in Leipzig gewesen, um sich hier die 50 Gulden abzuholen, die ihm Kurfürst Friedrich der Weise zur Begleichung der Promotionsgebühren geschenkt hatte. Im 15. und 16. Jahrhundert war die Stadt, die an der Kreuzung zweier wichtiger Fernhandelsstraßen, der „Hohen Straße" und der „Reichsstraße", lag, zu einem der wichtigsten deutschen Handelsplätze aufgestiegen. Die Messen führten Händler und Kaufleute aus aller Herren Länder in die Stadt an der Pleiße, in der das wohlhabende Bürgertum den Ton angab. Zu den schönsten Leipziger Bauwerken gehört das Alte Rathaus, das innerhalb von nur wenigen Monaten 1556 durch den Baumeister Hieronymus Lotter, der zugleich Bürgermeister war, errichtet wurde. Dort, im heutigen Stadtgeschichtlichen Museum, wird neben frühen Lutherdrucken un-

ter anderem auch der Lutherbecher aufbewahrt, den der schwedische König Gustav I. Wasa im Jahr 1536 dem Reformator geschenkt hat.

Am 27. Juni 1519 begann die Leipziger Disputation mit einem Festgottesdienst, der in der Thomaskirche stattfand. Die Ursprünge dieses – neben der Nikolaikirche – bedeutendsten Leipziger Sakralbaus reichen bis ins 12. Jahrhundert zurück. Mit der Gründung des Augustiner-Chorherrenstifts kam Anfang des 13. Jahrhunderts der gotische Chor dazu. Der polygonale Schluss mit der Wölbung stammt aus dem 14. Jahrhundert. Im Lauf der Zeit wurde die Thomaskirche häufig umgebaut. Ihr heutiges Aussehen erhielt sie im Wesentlichen durch den von Constantin

Durch die Disputation, die 1519 in der alten Pleißenburg stattfand und mit einem Gottesdienst in der Thomaskirche eingeleitet wurde, ist Leipzig zu einem der wichtigsten Schauplätze der Reformation geworden. Pfingsten 1539 führte Luther mit einer Predigt in der Thomaskirche offiziell die Reformation in Leipzig ein. Daran erinnert seit 1889 das Lutherfenster in der Kirche, deren Ursprünge bis ins 12. Jahrhundert zurückreichen.

Titelblatt einer gedruckten Predigt von Luther, die er am 29. Juni 1519 in Leipzig auf dem Schloss gehalten hat. Auf dem Holzschnitt ist das älteste Porträt Martin Luthers zu sehen, unten zwischen Anfang und Ende der in Spiegelschrift erscheinenden Umschrift Luthers Wappenrose ohne Herz und Kreuz.

Lipsius entworfenen Umbau aus den Jahren 1872 bis 1889. Das Lutherfenster und eine Gedenktafel erinnern an das Wirken des Reformators.

Der Austragungsort der Disputation war die Pleißenburg. Die alte Leipziger Burg, die 1550 bis 1567 durch Hieronymus Lotter grundlegend umgebaut wurde, musste am Ende des 19. Jahrhunderts dem gewaltigen Gebäude des Neuen Rathauses weichen. Nur ein Teil des Burgturms wurde für den neuen Rathausturm verwendet.

Die Leipziger Redeschlacht dauerte insgesamt drei Wochen und dürfte die Geduld manches Teilnehmers gehörig auf die Probe gestellt haben. In der großen Hofstube, einem repräsentativen Saal, hielten die Vertreter der Streitparteien Tag für Tag stundenlange Reden. An den Feiertagen wurde die Auseinandersetzung auf die Kanzeln der Leipziger Kirchen verlagert, ohne dass sie dadurch an Schärfe und Polemik verlor.

Erst am 4. Juli 1519 trat Luther – anstelle von Karlstadt – selbst ans Rednerpult. Was er dem gespannten Auditorium zu sagen hatte, mussten die Vertreter der päpstlichen Partei als neuen, unerhörten Affront empfinden. Nun ging es dem Aufsässigen nicht mehr um die Frage des Ablasses allein, sondern um grundsätzlichere Dinge. Auch der Papst und die Konzilien könnten irren, sagte Luther, der nun keine andere Autorität mehr gelten lassen wollte als die Bibel allein.

Ein Augenzeuge, der Leipziger Humanist Petrus Mosellanus, schrieb folgenden anschaulichen Bericht über die Leipziger Disputation, die für

Ein Sermon geprediget tzu Leipßgk vffm Schloß am tag Petri vn̄ pauli ym .xviiij. Jar / durch den wirdigen vater Doctorem Martinū Luther augustiner zu Wittenburgk/mit entschüldigung etzlicher artickel / ßo ym von etzlichen seiner abgünstigen zugemessen seyn/in der tzeit der Disputacion zu Leipßgk gehalten.

¶ Getruckt zu Leypßgk durch Wolffgang Stöckel im iar. 1519.

Luther zum endgültigen Bruch mit der Lehre der römischen Kirche geführt hatte: „Martin hat eine mittelgroße Statur, einen mageren, von Sorgen und Arbeit erschöpften Körper, dass man fast die Knochen durch die Haut zählen kann. Man kann sich kaum vorstellen, dass der Mann wichtige Dinge ohne Gott vornimmt. Aber einen Fehler tadeln alle an ihm: Er ist, wenn er jemanden zurechtweist, etwas zu unverschämt und bissig, mehr als jemand, der als Theologe einen neuen Weg geht und ein Gottesgelehrter ist, sein sollte …"

Luthers Verhältnis zu Leipzig war zwiespältig. Der Reformator wusste wohl das gute Leipziger Bier zu schätzen, das er sich bei seinen Besuchen im Thüringer Hof (Burgstraße 19–23) servieren ließ. Dort hängt noch heute eine Kopie eines Lutherbriefs von 1515, in dem er Spalatin mitteilt, dass er von dem Besitzer des Gasthauses testamentarisch hundert Gulden vermacht bekommen habe. Nach der Disputation waren ihm jedoch Leipzigs Kanzeln versperrt. Das „Predigtverbot" endete erst am 24./25. Mai 1539. An diesen beiden Tagen führte Luther zunächst auf der Pleißenburg und anschließend in der Thomaskirche die Reformation ein – ein später Triumph. Jahre zuvor hatte er prophezeit, dass er es noch erleben werde, wieder in Leipzig zu predigen. Seine letzte Leipziger Predigt hielt er im August 1545, ein halbes Jahr vor seinem Tod, in der Universitätskirche St. Pauli.

Diese bedeutende gotische Hallenkirche, in der auch der Ablasshändler und erbitterte Luther-

Die Paulinerkirche in Leipzig im 17. Jahrhundert. Hier in der Universitätskirche hielt Luther im August 1545 seine letzte Leipziger Predigt. Das Gotteshaus wurde 1968 aus politischen Gründen gesprengt.

gegner Tetzel bestattet worden war, blieb im Zweiten Weltkrieg als einziges Gebäude am Augustusplatz von den Bomben verschont. Am 30. Mai 1968 wurde sie, ungeachtet des Protests vieler Leipziger, auf Anweisung der SED gesprengt, um dem gesichtslosen Neubau des Universitätshauptgebäudes Platz zu machen. Ab 2007 entstand an seiner Stelle das „Paulinum“, ein an die Form der Kirche erinnerndes modernes Gebäude, das wissenschaftliche Institute, Universitätsaula und Andachtsraum unter einem Dach vereint. Im Inneren sind einige von der alten Kirche gerettete Teile wie die Epitaphien integriert.

Reichsacht und Reichsbann: Worms

Das Jahr 1520 gehörte zu den entscheidendsten im bewegten Leben Martin Luthers. In relativ kurzer Zeit hatte er seine vier reformatorischen Hauptschriften („An den christlichen Adel deutscher Nation, von des christlichen Standes Besserung", „Von der babylonischen Gefangenschaft der Kirche", „Von der Freiheit eines Christenmenschen" und „Sermon von den guten Werken") verfasst, in denen er die Missstände der Kirche schonungslos aufzeigte.

Zur gleichen Zeit waren die Juristen der Kurie fieberhaft damit befasst, den Ketzerprozess gegen den unbotmäßigen Mönch und Theologieprofessor voranzutreiben. Im Oktober 1520 wurde Luther die päpstliche Bannandrohungsbulle „Exsurge Domini" zugestellt, die er am 10. Dezember in Anwesenheit von Studenten und Professoren der Universität bei der Kreuzkapelle am Schindanger außerhalb Wittenbergs öffentlich verbrannte. Im fernen Rom hatte man diese Provokation sehr wohl verstanden und entsprechend reagiert. Luther wurde nun von Karl V. (1500–1558, „erwählter" Kaiser seit 1520) zum Reichstag nach Worms zitiert, wo er seine Lehren öffentlich widerrufen sollte.

In der offiziellen Vorladung ist zwar von des Kaisers und des Reiches „freier, unmittelbarer

Dieses Porträt Karls V. von 1548 galt lange als Werk Tizians, stammt aber wohl von dem niederländischen Maler Lambert Sustris (um 1515–nach 1591). Als sich der Kaiser auf dem Wormser Reichstag mit dem Problem „Luther" befassen musste, war er gerade 21 Jahre alt. Karl war Burgunder, er sprach Französisch; Deutsch verstand er nicht. Auch die deutschen Probleme dürften ihm eher fremd gewesen sein.

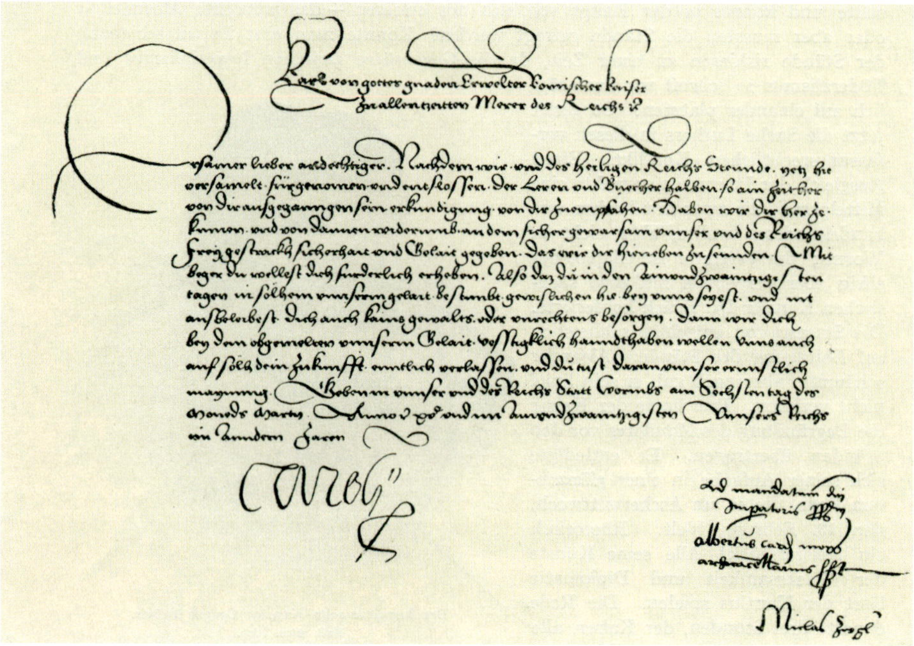

Vorladungsbrief Kaiser Karls V. an Luther zum Reichstag nach Worms vom 6. März 1521. In dem Schreiben wurde dem Reformator zwar freies Geleit zugesichert, doch das Beispiel des böhmischen Vorreformators Jan Hus, der trotz der Zusicherung freien Geleits auf dem Konstanzer Konzil 1415 als Ketzer verbrannt wurde, machte Luther und seine Mitstreiter höchst misstrauisch gegenüber solchen Versprechungen.

Sicherheit und Geleit" die Rede, aber was konnte man auf solche Zusicherungen schon geben? Schließlich war dem böhmischen Vorreformator Jan Hus seinerzeit auch freies Geleit zugesichert worden, und dann hatte man ihn 1415 in Konstanz auf dem Scheiterhaufen verbrannt. Wem konnte man schon trauen?

Schließlich war Luther geächtet und gebannt und hätte – wenn es nach dem Buchstaben des Gesetzes gegangen wäre – unverzüglich als Ketzer exekutiert werden müssen. Nach dem Willen des Kaisers und des päpstlichen Nuntius Aleander, der Luther – zu Recht – für besonders gefährlich hielt, wäre das auch längst geschehen. Doch diese Rechnung konnte nicht ohne den Wirt aufgehen, und der war in Sachsen niemand anderes als Friedrich der Weise. Dessen Macht und Einfluss waren für Luther die einzige Garantie, dass man sich an das gegebene Wort auch tatsächlich halten würde. So reiste der Reformator mit berechtigterweise unguten Vorahnungen nach Worms. Spalatin, sein enger Vertrauter, fragte ihn per Brief unverblümt, ob er denn verrückt geworden sei, sich auf ein derartiges Unternehmen einzulassen.

Obwohl Luther sicher ein mutiger Mann war, hatte er genügend Fantasie, um sich die Gefahren auszumalen, die ihm in Worms drohten. Nachdem er sich aber in Begleitung von einigen Freunden auf den Weg gemacht hatte, konnte er feststellen, wie viele Menschen hinter ihm und seiner Lehre standen. Die Reise wurde zu einem regelrechten Triumphzug. Überall jubelte man ihm zu. Schon damals war Luther eine der bekanntesten Persönlichkeiten in Deutschland. Wie er selbst seine Situation in diesen Tagen einschätzte, geht aus einer Tischrede hervor, in der er Jahre später über seine Reise nach Worms berichtet hat:

„Als ich nun gegen Erfurt kam, da kamen mir Botschaften, wie ich zu Worms wäre verdammt worden, ja in allen Städten war daselbst hinaus öffentlich angeschlagen wider mich, dass mich auch der Herold fragte, ob ich noch gedachte, gen Worms zu ziehen. Ich zitterte zwar, antwortete aber doch: ‚Ich will hineinziehen, wenn gleich alle Teufel darinnen wären!' Ich zog in aller Einfalt vorwärts, und als ich Worms sah,

Ansicht der Stadt Worms aus Sebastian Münsters „Cosmographia“, Basel 1574. Das Bild der alten Reichsstadt wird von unzähligen Kirchtürmen geprägt. Links unterhalb des von einem Drachen gehaltenen Stadtwappens erkennt man die vier Türme des Doms St. Peter.

schrieb ich gleich an Spalatin, dass ich käme, und fragte ihn um ein Quartier. Da wunderten sich alle, dass ich wider Erwarten kam. Denn sie hatten gemeint, ich würde außen bleiben, durch Schrecken und Arglist abgehalten …“

Werfen wir zwischendurch einen Blick auf Worms, das Ziel dieser Reise mit ungewissem Ausgang: Die Stadt am Rhein war zu Luthers Zeit

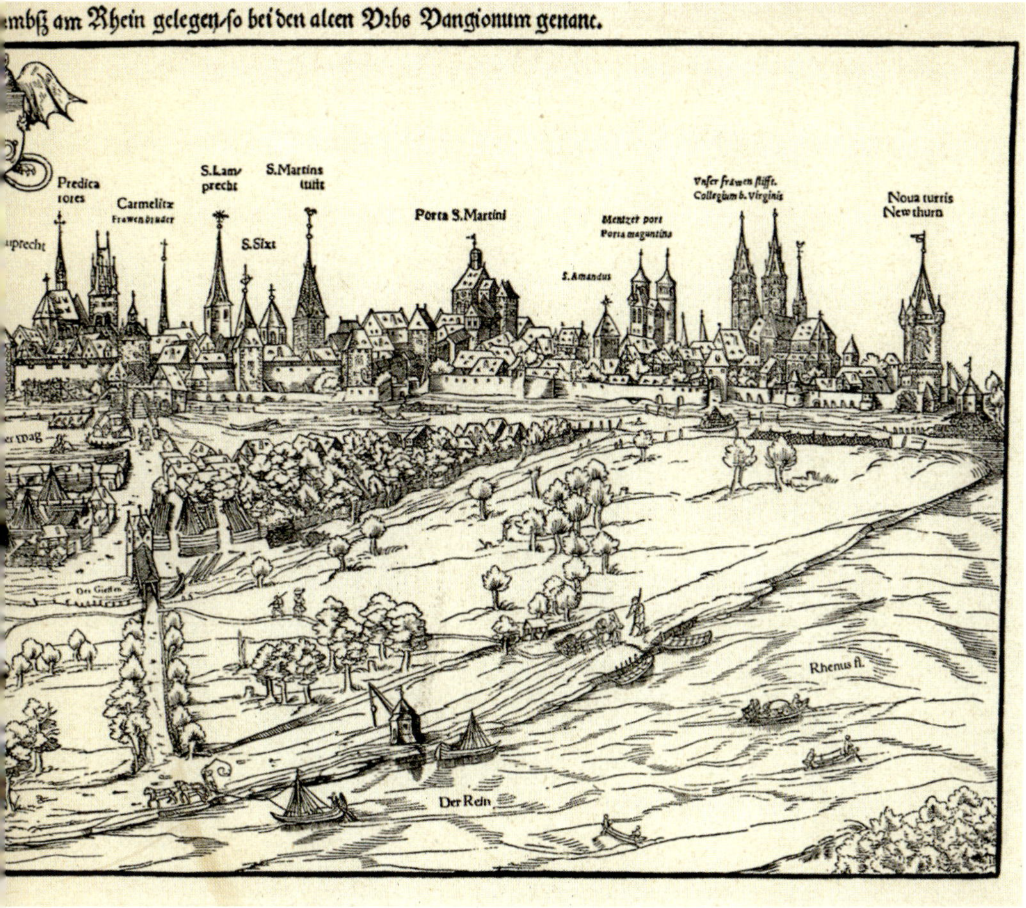

eine der wichtigsten Städte in Deutschland mit mächtigen Befestigungsanlagen, zahlreichen Kirchen, Klöstern und stattlichen Patrizierhäusern, die vom Reichtum ihrer Besitzer kündeten. Seit Karl dem Großen wurden in Worms Reichstage und Reichsversammlungen abgehalten. Die Krönung des Stadtbildes bildet noch heute der Dom St. Peter, der als eines der Hauptwerke der

Folgende Doppelseite: Stolz erheben sich die Türme des mächtigen Doms St. Peter als Krönung des Wormser Stadtbildes. Der Dom gilt als ein Hauptwerk der deutschen Romanik.

Das 1868 eingeweihte Wormser Lutherdenkmal von Ernst Rietschel erinnert mit seinem umfangreichen Skulpturen- und Bildprogramm an die Reformation insgesamt. Dem Entwurf liegt Luthers Lied „Ein feste Burg" zugrunde. Die quadratische Grundfläche ist an drei Seiten von Mauern umschlossen, unter deren Zinnen sich Wappen von Städten befinden, die sich der Reformation anschlossen. Das zentrale Lutherstandbild ist umgeben von Figuren seiner Mitstreiter und Vorläufer sowie von Personifikationen der Städte Augsburg, Speyer und Magdeburg.

deutschen Romanik gilt. Die um die Mitte des 12. Jahrhunderts begonnene doppelchörige Basilika mit östlichem Querschiff dürfte im frühen 13. Jahrhundert vollendet gewesen sein. Während sich der Kaiser und die Fürsten im Lauf des Reichstags hier oft zu feierlichen Gottesdiensten versammelten, war Luther, dem von der Kirche Gebannten, der Zutritt verwehrt.

Heute ist Luther in der Stadt unübersehbar präsent. Hier befindet sich Deutschlands bekanntestes Lutherdenkmal, das allerdings nicht nur an ihn, sondern an die Reformation überhaupt erinnert. In der Mitte der quadratischen Denkmalsanlage steht auf einem Podest die drei Meter hohe Figur des Reformators, am Sockel sitzen die vier vorreformatorischen Kämpfer Girolamo Savonarola (1452–1498, verbrannt), Jan Hus (um 1370–1415, verbrannt), John Wyclif (um 1320–1384) und Petrus Waldes (um 1140–zwischen 1184 und 1218). An den Seiten sieht man den Kurfürsten Friedrich den Weisen von

Sachsen, den Landgrafen Philipp von Hessen (der Großmütige, 1504–1567), dahinter Philipp Melanchthon und Johannes Reuchlin (1455–1522). In einem umfangreichen Bildprogramm hat der Dresdner Bildhauer Ernst Rietschel Mitte des 19. Jahrhunderts zahlreiche Persönlichkeiten, Orte und Szenen der Reformationsgeschichte zu einem eindrucksvollen Ensemble vereint.

In der Mitte des Wormser Lutherdenkmals steht auf einem Podest die drei Meter hohe Figur des Reformators im Predigtrock mit der Bibel in der Hand. Er blickt in Richtung des einstigen Bischofshofs, wo 1521 der Wormser Reichstag stattfand. Heute erstreckt sich an dieser Stelle der Heylshofgarten.

Als Luther am 16. April 1521 Worms schließlich erreichte, war die ganze Stadt auf den Beinen, um den prominenten Gast zu sehen. Der päpstliche Nuntius Hieronymus Aleander notierte sichtlich verstimmt:

„Soeben entnahm ich aus verschiedenen Meldungen sowie aus dem hastigen Rennen des Volkes, dass der große Ketzermeister seinen Einzug hielt. Ich schickte einen meiner Leute aus, der mir berichtete, dass ihm gegen die hundert Reisige (bewaffnete Reiter), vermutlich die Sickingens, bis an das Stadttor das Geleit gaben: mit drei Genossen in einem Wagen sitzend, zog er (11 Uhr vormittags) in die Stadt ein, umgeben etwa von acht Berittenen, und er nahm seine Herberge in der Nähe seines sächsischen Fürsten (im Hause der Johanniterritter); beim Verlassen des Wagens schloss ihn ein Priester in die Arme, rührte dreimal sein Gewand an und berühmte sich im Weggehen, als hätte er eine Reliquie des größten Heiligen in Händen gehabt; ich vermute, es wird bald von ihm heißen, er tue Wunder."

Die Leitung des Reichstags lag in den Händen des erst 21 Jahre alten Kaisers Karl V., dem die ganze Affäre um Luther herzlich zuwider war, denn eigentlich hatte er ganz andere Sorgen. Karl war Burgunder, er herrschte über Spanien, dessen überseeische Besitzungen, über die Niederlande und Deutschland. Er sprach Französisch, Deutsch verstand er nicht einmal. Die deutschen Probleme dürften ihm ziemlich fremd gewesen sein.

Die Machtbalance im Reich ließ sich ohnehin schwer genug erhalten, gab es doch zahlreiche divergierende Interessen der Städte, der weltlichen und der geistlichen Fürsten. Der Wormser Reichstag war alles andere als eine rein protokollarische Veranstaltung. Er war vielmehr eine gigantische internationale Gipfelkonferenz, an der sechs Kurfürsten, 24 Herzöge, sieben Markgrafen, 30 Bischöfe und zahlreiche Ritter und Gesandte der Reichsstädte beteiligt waren.

Vor und hinter den Kulissen wurde um Vorteile, Macht und Einfluss gefeilscht. Dabei war das Reich zerrüttet, die Kassen leer und die Macht Karls V. begrenzt. Erst ein Jahr zuvor hatten ihn die deutschen Kurfürsten zum König und Kaiser gewählt, allerdings nicht ohne sich vorher garantieren zu lassen, dass deutsche Angelegenheiten ausschließlich auf deutschem Boden ver-

handelt würden. Vor allem deshalb musste sich Karl nun in Worms mit Luther befassen.

So triumphal Luthers Einzug in Worms auch gewesen war, so gefährlich war seine Situation. Was man von ihm erwartete, war klar: Er sollte widerrufen. Er sah sich jedoch außerstande, „etwas gegen das Gewissen zu tun". Am Ende seiner Verteidigungsrede sagte er: „Wenn ich nicht mit Zeugnissen der Schrift oder mit offenbaren Vernunftsgründen besiegt werde, so bleibt mein Gewissen gefangen in Gottes Wort. Denn ich glaube weder den Konzilien allein noch dem Papst, weil es offenkundig ist, dass sie öfter geirrt und sich selbst widersprochen haben …"

Luthers standhafte Haltung auf dem Reichstag zu Worms ist zu allen Zeiten bewundert, mitunter auch verklärt worden. Der unbotmäßige Mönch kannte die Gefahren, die ihm während des Reichstags drohten, nur zu gut. Der kolorierte Stich entstand im 19. Jahrhundert.

Nachdem sich Luther auf dem Wormser Reichstag geweigert hatte, seine Lehre zu widerrufen, ließ Kaiser Karl V. am 8. Mai 1521 das „Edict wider Martin Luthers Bücher und leere“, das sogenannte Wormser Edikt, verkünden, wonach der Reformator nun vogelfrei und seine Schriften verboten waren. Dieser Plakatdruck des Wormser Edikts wird in der Luther-Bibliothek der Wissenschaftlichen Stadtbibliothek Worms aufbewahrt.

Legende sind die Worte, mit denen er den geforderten Widerruf verweigert haben soll: „Hier stehe ich, ich kann nicht anders. Gott helfe mir. Amen!“

Für den Kaiser war die Angelegenheit nun klar. Er hob die Sitzung auf. Auf diese Rede konnte er nur eine Antwort geben: die Reichsacht. Am Ende des Reichstags wurde das „Wormser Edikt“ verkündet, in dem es, an „alle und jeden“ gewandt, heißt, „dass ihr (...) den vorgenannten Martin Luther nicht behauset, beherberget, speist, tränket noch unterhaltet, noch ihm mit Worten oder Werken heimlich oder öffentlich keinerlei Hilfe, Anhang, Beistand noch Vorschub beweiset, sondern, wo ihr ihn alsdann ankommen und betreten seht und des mächtig seid, ihn gefangen nehmet und uns wohlbewahrt zusendet oder das zu tun bestellt oder uns das, so er zu Handen bracht wird, unverzüglich verkündet und anzeiget und ihn dazwischen so gefangen behaltet, bis euch von uns Bescheid, was ihr ferner nach Recht und Ordnung gegen ihn handeln sollet ...“

Der Römischen Kaiserlichen Maiestat

Edict wider Martin Luthers Bücher vnd leere seine anhenger

Enthalter vnd nachfolger/ vnd etlich ander schmeliche schrifften. Auch gesatz der Truckerey.

Wir Karl der fünfft von gottes gnaden. Erwelter Römischer Keiser zů allen zeitē. Merer des Reichs. ꝛc. In Germanien/ zů Hispanien/ bei der Sicilien/ Jherusalem/ Hungern/ Dalmacien/ Croacien. ꝛc. Künig/ Ertzhertzog zů Osterreich/ Hertzog zů Burgündi. ꝛc. Graff zů Habspurg/ Flandern vnd Tyrol. ꝛc. Entbieten allen vnd ietlichen Churfürsten/ Fürsten/ Geistlichē vnd weltlichen/ Prelaten/ Graffen/ Freien Herren/ Rittern/ Knechten/ Hauptlüten/ Landtfögten/ Vitzthumben/ Vögten/ Pflegern/ Verwesern/ Landtrichtern/ Schultheissen/ Schöffen/ Burgermeistern/ Richtern/ Röten/ Burgern/ vnd gemeinden. Auch Rectorn vñ Regenten aller gemeinē vniuersitetē/ vñ sunst allen andn vnsern vnd des Reichs/ auch vnsern erblichen Fürstēthům vnd land vnderthonē vnd getrüwē/ in was wirdē/ statz/ oder wesens die sein/ den diser vnser Keiserlicher brieff oď glaublich abschrifft/ die durch ein geistlichen Prelaten oď offenbaren Notari/ verfertigt ist/ darō fürkumpt oď gezögt würt vnser genad vñ alles gůt. Hochwirdigē vnd erwirdigen/ hochgebornē/ wolgebornē/ ersamen vñ Edlen/ liebē fründ Neuen/ Oheimen/ Churfürsten/ Fürsten/ Andechtigen vnd getrüwen.

Nach dē vnserm Römischen Keiserlichen ambt zůstat nit allein den gezirck/ des heiligē Römischen Reichs/ so vnser forfarn ď Tütschen Nation/ vmb der heiligē Römischen vñ gemeiner kirchen beschirmung willen/ durch die götlich gnad/ mit irē schwerē blůtuergiessen ansich brachē haben/ in vßdilckung vñ vndertruckung ď vnglöbigen zůerweitern. Sunder auch nach ď regel/ die von ď Römischen Kirchen biß her gehaltē ist fürsehung zůthůn/ dz kein befleckung der ketzerei oď arckwon/ in dē Römischen Reich/ vnsern heiligē glauben verunreine/ oď ob der einiche setz angefangē het mit allem fleiß/ gůten mitteln vnd bescheidenheit/ so in solchem fürzůnemē sein vß zůdilckē. Deßhalb bedencken wir/ wa solichs ie einē vnsern forfarn zůthůn gebürt/ dz vnß die bürde deß selben vil höher vnd me vff gelegt ist. Nach dē des almechtigen gotz vnmeßliche gütikeit zůbeschirmung vñ merung seins heiligē glaubens/ vnß mit vil künigreichen vñ landen vnd merer macht/ dan vor manig iaren/ ye einen vnsern forfarn am Reich/ fürsehen vnd begabt hat. Dieweil wir auch von vetterlichem stamē/ vß den aller Cristenlichisten Keisern vñ Ertzhertzogen zů Osterreich/ vñ Hertzogen zů Burgundi/ vnd dā vß Můterlichem stamē/ vß den Cristglöbigisten Hispanischen. Sicilianischen/ vnd vō Jerusalem Künigē entsprungen sein. Welchen klaren thaten gedechtnüß durch sie für dē Cristenlichen glauben geübt/ nymer abgon würt. Darū wa wir etlich ketzereiē/ so innerhalb dreiē iaren in Tütscher nation entsprungē/ vnd vormals durch die heiligē Conciliē vnd der Bäbst satzungē/ mit gemeiner kirchen verwilligung warlich verdampt/ vñ ietz von nüwem vß ď hellen gezogē sein/ tieffer ynwurtzlen lassen. Vnd vß diser versumniß verhengē vnd geduldē. So würd vnser gewissen mercklich beschwert/ vñ vnsers namen ewige glori/ in glückselige yngang/ vnser regierūg mit eim dunckeln nebel vmbfangē. Dieweil nun vngezweiffelt euch allen verborgen ist/ wie weit die irrungen vñ ketzereien/ von dē Cristenlichen weg ab weichen/ so einer genant Martin Luther Augustiner Ordens in ď Cristenlichen religion vnd ordnūg/ sunder in ď durchlüchtigē tütschē nation. Als einer vnuffhörlichē zerstörerin alles vnglaubens vñ ketzerei ynzůfürē vñ zůbefleckē vnderstat/ in ď gestalt/ wa dē fürderlich nit begegent/ dz dardurch die selb gantz Tütsch nation/ vnd nachmals durch soliche ynwurtzlung/ alle ander nation/ in eiñ vnmenschliche zertrennūg/ vnd erbermlichen abfal/ gůter sittē des fridens/ vñ Cristenlichen glaubens kumē würden. Deßhalben nit vnbillich vnser heiliger vatter Bapst Leo ď zehent der heiligē Römischen/ vñ gemeinen Cristenlichen kirchen/ oberister Bischoff dē die sorg vnd fürsehung der sachen/ so dē Cristenlichen glauben antreffen/ sunderlich zůstat bewegt wordē ist/ den selben Luther anfencklich/ vätterlich vñ miltiklich zů warnē vnd zůermanē solcher bösen anfeng abzůston/ vnd die vß gespreitē irsalen/ zů reuociern. Vnd als er dz vnderlassen vñ darüber ye lenger ye bösers geübt/ hat sein heilikeit vnderstandē. Dargegē füglich vnd nit vngebrüchlich mittel vñ weg für zůnemē/ vnd daruff zůmermalen die Cardinel. Bischoff vñ ander Prelaten. Auch ď reguliertē orden/ priorn vnd general/ minister/ vñ vil ander treflich redlich lüt/ aller erberkeit/ kunst vnd wissenheit/ erfarn. Deßgleichen vil ander Cristenliche nation/ doctor vnd meister erfordert vñ berüfft/ vnd den selben Martin Luther darzů citiert. Vnd als er vngehorsamlich vß bliben ist/ alle sein schrifften so in latyn vnd tütsch vß gangen sein/ vnd noch vß gon werden/ als schedlich vñ dem glauben vñ einikeit der kirchen gantz widerwertig verdampt vñ vß Bäbstlichem gewalt mit rat vñ willen ď gedachten Cardināl zeitlicher erwegūg/ bischoff/ prelatē/ doctores vñ meistern allenthalben zů verbrennē/ vnd gentzlich zůuerdilcken gebottē. Vnd daneben den selben Luther/ es sei dan dz er innerhalb einer bestimpten zeit nach eröffnūg seiner heilikeit decret beweiß/ dz seiner irsal rüw/ auch die verwandelt vñ reuociert hab als ein sun ď vngehorsam vnd boßheit/ vnd als ein zertrenner vñ ketzer meniglichem zůmeidē. Vnd nach satzung der recht geordnet vñ gesetzt bei den penen in bäpstlicher Bullen begriffen/ die sein heilikeit vnß als des Cristenlichen glaubens warē vnd oberisten beschirmer. Vñ des heiligē bäbstlichē stůls/ vñ ď Römischē gemeinē cristelichen kirchē aduocatē/ durch sein vñ des selbē stůls orator vñ botschafft/ so sein heilikeit deßhalben sunderlich zů vnß verordnet zů gesandt hat. Mit beger vñ erforderung vnsern pflichten nach/ vnd vß oberkeit vñ gerechtikeit vnsers keiserlichen ambts/ seiner heilikeit in solchem vnser hilff des weltlichen schwertz zů rettūg des Cristenlichen glaubens mit zůteilen. Vnd allenthalben im heiligē Römischen reich/ auch als einem Cristglaubigē Künig vnd Fürsten wol gezimpt in vnsern erblichen künigreichen vñ fürstenthůmen vñ landen. Vnd sunderlich in tütscher nation zů beuelhen vñ zů gebietē/ alles vñ iedes so in seiner heilikeit bullen begriffen ist vnübertretlich zůhaltē. Vnd darin execution vñ volziehung zůthůn. Vnd wiewol wir solch ermanung/ nach vberantwurtung der Bäbstlichen Bullen/ vñ zů letst die verdamnüß des Luthers/ an vil orten in tütscher nation verkündet/ auch in vnsern nidern Burgundischen landē/ vnd sunderlich zů Cöllen. Trier. Mentz vñ Lüttich zů Exequiren vñ zůuolziehen gebottē haben. So hat sich doch Martin Luther darüber nit allein nit erkant gebessert/ noch sein irsal reuociert/ noch von bäbstlicher heilikeit absolution/ vñ widerū in der heiligen Cristēlichen kirchen gnad begert/ sunď seins verkerten gemütz vñ verstands vil böser frucht vñ würckung wie ein wütenď/ in ein offenbare vndertruckung der heiligē kirchen einfallen durch vil gehauffte bücher/ die nit allein nüwer/ sunď vormals von dē heiligen Concilien verdamptē ketzereien vnd gotßlesterungē vol sein/ in latynischer vnd tütscher sprach vß im selbs oď zům wenigsten vnder seinē namen gemacht teglich vß gespreit ☞ Darin er vō der heiligē kirchē so lange iar gehaltē ď siben Sacramēt zal/ ordnūg vñ gebruch zerstört/ vmbkert vñ verletzt. Vnd die vnzerstörlichen gesetz ď heiligen ee/ in wunderbarlich weg schentlich befleckt. Sagt auch dz die heilig Olung ein erdicht ding sei. Er will auch dē bruch vñ der vnußsprechlichen heiligen Sacramentznießsung zů ď verdamptē Behem gewonheit vñ gebruch ziehen. Vnd verwicklet anfenklich die beicht/ die den hertzen so mit sündē befleckt oder beladē sein/ am aller nutzbarlichsten ist der massen/ dz daruß kein fundament noch frucht mag genumē werdē. Zům letstē trawet er weiter vō der beicht souil zůschreibē/ wa dz gestattet/ dz nit allein gar niemās sein/ ď vß solchen seinen aberwitzen geschrifften nit vnderston würt zůsagē/ die beicht vnfruchtbar zůsein/ sunder auch wenig sein die nit predigē werden/ dz nit zů beichten sei. Er halt auch nit allein priesterlich ampt vñ ordē vff das aller geringest/ sunder vnderstat auch die weltlichē leigyschen personē zů bewegen/ ir hend in ď priester blůt zůweschen. Vnd nent dē obersten vnsers Cristenlichen glaubēs priester des heiligē sant Peters successor vnd Cristi/ warē Vicarien vff erdē mit verlümbdē vñ schentlichen worten/ vnd verfolgt in mit manigfaltigē vnerhörten feindschrifften vñ schmehungen. Er bestetigt auch vß ď heidischen poeten gedicht/ dz kein freier wil sei ď meinung/ das alle ding in einer gewissen satzung ston.

Inszenierter Überfall und neue Identität: Luthergrund bei Altenstein und Wartburg

Schon bevor das Edikt unterzeichnet worden war, hatte Luther am 25. April 1521 vom Kaiser den Befehl zur Abreise erhalten. Er reiste über Hersfeld und Eisenach in das Heimatdorf seines Vaters, nach Möhra, wo er am 4. Mai unter freiem Himmel einen Gottesdienst hielt. In das, was nun geschehen sollte, war nur ein kleiner Kreis von Vertrauten eingeweiht.

Auf der Rückreise vom Reichstag zu Worms nach Wittenberg machte Luther am 4. Mai 1521 Station im Heimatdorf seines Vaters. Im thüringischen Möhra ist die Familie Luther seit dem 14. Jahrhundert nachweisbar. Zu Lebzeiten des Reformators, an den das Denkmal in der Ortsmitte erinnert, war die heutige, ab 1560 schrittweise ausgebaute Lutherkirche von Möhra nur eine kleine Kapelle.

Luthers Landesherr, der sächsische Kurfürst Friedrich der Weise, hatte nämlich beschlossen, Luther mit einer abenteuerlichen Aktion aus der Schusslinie zu holen. Noch am 4. Mai war Luther mit einigen Freunden in Möhra aufgebrochen, um in Richtung Gotha weiterzureisen. Mit Entsetzen verfolgten Verwandte aus Möhra, die Luther noch ein Stück begleitet hatten, wie „aus dem Wald bei einer wüsten Kirche, Glasbach genannt, fünf Reisige gekommen und Martin aus dem Wagen gerissen“ hatten. Der arme Mensch habe neben den Pferden herlaufen müssen, und was weiter aus ihm geworden sei, könnten sie nicht sagen. Es sei jedoch mit dem Schlimmsten zu rechnen. Auch Luthers Begleiter, Nikolaus von Amsdorf und Johannes Petzensteiner, wurden von dem Überfall überrascht. Sie flohen und verbreiteten die Nachricht von der „verbrecherischen“ Entführung,

Das 1857 aufgestellte Denkmal im sogenannten Luthergrund bei Bad Liebenstein (oben) erinnert an die vorgetäuschte Gefangennahme des mit Reichsacht belegten Martin Luther am 4. Mai 1521 durch Soldaten des Kurfürsten Friedrich des Weisen (rechts, Darstellung auf einem Eisenacher Notgeldschein von 1921).

die bald in ganz Deutschland die Runde machte. 1857 wurde im sogenannten Luthergrund bei Bad Liebenstein, drei Kilometer von Schloss Altenstein entfernt, ein Denkmal aufgestellt, das an die „Gefangennahme“ erinnert. Die neugotische Fiale trägt die Inschrift: „Hier wurde D. Martin Luther am 4. Mai 1521 auf Befehl Friedrichs des Weisen Kurfürsten von Sachsen aufgehoben und nach Schloss Wartburg geführet.“

Nur 13 Tage nach dem Überfall notierte Albrecht Dürer in sein Tagebuch: „Alsbald waren 10 Pferd do, die führten verräterlich den verkauften frommen, mit dem heiligen Geist erleuchteten Mann hinweg, der do war ein Nachfolger Christi und des wahren Glaubens. Und lebt er noch oder haben sie ihn gemördert, das ich nit weiß … O Gott, ist Luther tot, wer wird hinfürt das heilige Evangelium so klar fürtragen! Ach Gott, was hätte er uns noch in 10 oder 20 Jahren schreiben mögen.“

Luther als „Junker Jörg" auf einem Gemälde von Lucas Cranach d. Ä. aus dem Jahr 1521 (Museum der bildenden Künste, Leipzig). Als Luther auf die Wartburg kam, erhielt er eine neue Identität und musste die Mönchskutte mit der Kleidung eines Adligen vertauschen. Die ungewohnt reichhaltige Verpflegung bereitete dem an die kärgliche Kost seines asketischen Ordens gewöhnten Mönch Probleme. Später hat er sich aber offenbar, wie sein Leibesumfang leicht erkennen lässt, daran gewöhnt.

Dürers Klage war jedoch unbegründet, denn Luther, den man schon in Worms von dem fingierten Kidnapping in Kenntnis gesetzt hatte, erfreute sich bester Gesundheit. Gegen 23 Uhr traf er auf der südlich von Eisenach oberhalb eines dichten Waldes gelegenen Wartburg ein, wo er vom Amtmann Hans von Berlepsch freundlich empfangen wurde. Luther schlüpfte in neue Kleider, und damit war aus dem Mönch ein Adliger geworden, der während seines Burgaufenthalts „Junker Jörg" genannt wurde.

Die Wartburg, Deutschlands berühmteste Burg, ist geschichtsträchtig und sagenumwoben. Ludwig der Springer, der Ahnherr der Thüringer Landgrafen, soll sie 1067 errichtet haben. Ein Teil der romanischen Anlage blieb noch erhalten. Im Palas, der Mitte des 12. Jahrhunderts entstand, hat – glaubt man der Sage – der berühmte Sängerkrieg stattgefunden. Als Luther im Mai 1521 auf der Burg eintraf, hatte sie ihre militärische Bedeutung schon verloren.

Die Wartburg, auf der er sich nun bis zum 1. März 1522 aufhalten musste, ist eine sagenumwobene Burg, die angeblich 1067 von Ludwig dem Springer gegründet worden sein soll. Sie

war der Hauptsitz der Ludowinger, die bis 1247 als Landgrafen über Thüringen herrschten. Neben Luthers Aufenthalt waren es vor allem zwei denkwürdige Ereignisse, die die Wartburg zu Deutschlands berühmtester Burg gemacht haben: Im Jahr 1206 soll hier der berühmte Sängerwettstreit stattgefunden haben, der Richard Wagner zu seiner Oper „Tannhäuser“ angeregt hat. Moritz von Schwind, der in der zweiten Hälfte des 19. Jahrhunderts einige Räume der Burg ausschmückte, hat den Sängerkrieg auf einem großen Fresko dargestellt. Aus der Zeit, in der Walther von der Vogelweide und Wolfram von Eschenbach hier ein- und ausgegangen sein sollen, stammt auch der Palas, der als eines der bedeutendsten Zeugnisse der staufischen Architektur gilt. Knapp 300 Jahre nach Luthers Anwesenheit trafen sich am 18. und 19. Oktober 1817 fünfhundert studentische Burschenschaftler auf der Wartburg, um für die Abschaffung der Kleinstaaterei und die Gewährung bürgerlicher Freiheiten einzutreten.

So mittelalterlich die Wartburg heute auch anmutet, als Luther hierher kam, hatte sie ein anderes Aussehen. Die Anlage, die mit drei Türmen bewehrt war und von einem mächtigen romanischen Bergfried überragt wurde, gruppierte sich um zwei Höfe. Luther betrat die Burg über eine hölzerne Zugbrücke, die wegen Baufälligkeit im Jahr 1778 durch eine Steinbrücke ersetzt wurde. Er fand in der Vogtei der Vorburg Quartier, sein Wohnraum, der weitgehend original erhalten blieb, wird als „Lutherstube“ bezeichnet.

Ihre heutige Gestalt erhielt die Burg erst Ende des 19. Jahrhunderts. Nach einer umfassenden Restaurierung, die der Bund und das Land Thüringen finanziert haben, präsentiert sie sich

heute in hervorragendem Zustand. Im Vorraum, der im 19. Jahrhundert mit Wappen und Wandsprüchen ausgeschmückt wurde, kann man folgenden Spruch lesen: „Hier ist's, wo Luther einst, der große deutsche Mann, als er zu Worms entging den drohenden Gefahren, den Schutzort fand, entführt, um vor des Papstes Bann und vor des Kaisers Zorn ihn sicher zu bewahren. ... Die Wohnung war zwar schlecht, betrachtet das Gemach, doch hat es Werth durch ihn, betracht' es, Freund, mit Freuden."

Der erzwungene Aufenthalt, die ungewohnt reichhaltige und schwere Kost, vor allem aber

So mittelalterlich die Wartburg auch anmutet, ihr heutiges Aussehen erhielt sie erst nach umfangreichen Restaurierungs- und Umbauarbeiten Ende des 19. Jahrhunderts. Hier die Vorburg mit der Vogtei, wo Luther 1521 Quartier fand.

Unter dem Decknamen „Junker Jörg“ lebte Luther vom 4. Mai 1521 bis zum 1. März 1522 auf der Wartburg. Er bewohnte den südlichsten Raum des Kavaliergefängnisses, der heute als „Lutherstube“ bezeichnet wird und seinen Charakter aus dem 16. Jahrhundert bewahrt hat. Hier übersetzte Luther das Neue Testament aus dem griechischen Original ins Deutsche. Eingeritzte Namenszüge belegen, dass die Lutherstube schon im 16. Jahrhundert von „Reformationstouristen“ besucht wurde. Daran hat sich bis heute nichts geändert.

das Gefühl, nicht in den Lauf der Ereignisse eingreifen zu können, setzten Luther stark zu. Er schrieb: „Das Übel, an dem ich in Worms litt, hat mich noch nicht verlassen, es hat sogar zugenommen. Ich leide an furchtbar hartem Stuhlgang, wie noch nie in meinem Leben und verzweifle an der Heilung. So sucht der Herr mich heim, damit ich nicht ohne Kreuzesreliquien bin. Er sei gelobt, Amen.“

„Das Neue Testament Deutsch" – Titelblatt der ersten Ausgabe der Lutherbibel, die zunächst noch auf das Neue Testament beschränkt blieb. Sie erschien im September 1522 und wird daher „Septembertestament" genannt.

Die Radierung von Gustav König entstand Mitte des 19. Jahrhunderts. Sie zeigt den Reformator als „Junker Jörg" bei der Übersetzung des Neuen Testaments. Mit der Übersetzung der Bibel erwies sich Luther als genialer Sprachschöpfer.

Doch er blieb nicht untätig. In seiner stillen Stube übersetzte er das Neue Testament innerhalb von elf Wochen aus dem griechischen Original ins Deutsche; in volkstümlichem und bilderreichem Stil, den jedermann verstehen konnte. Damit leistete er einen wesentlichen Beitrag zur Herausbildung der neuhochdeutschen Schriftsprache.

Um die „Lutherstube", deren heutige Ausstattung zum großen Teil aus späteren Jahrhunderten stammt, rankt sich manche Lebende. So soll Luther den Teufel, der ihm hier leibhaftig erschienen sei, durch einen gut gezielten Wurf

Andreas Bodenstein, genannt Karlstadt (um 1486–1541), zunächst ein Weggefährte Luthers, predigte 1521/22 in Wittenberg für eine Erneuerung des Gottesdienstes, die Abschaffung der Heiligenbilder und der Kirchenmusik sowie für die Feier des Abendmahls in beiderlei Gestalt, also die Austeilung von Brot und Wein an die Gemeinde. Unter anderem führte Karlstadts rigorose Position in der Bilderfrage zum Bruch mit Luther. Holzschnitt aus der ersten Hälfte des 16. Jahrhunderts

mit dem Tintenfass verscheucht haben. An der Kaminseite befand sich noch bis zu Beginn des 20. Jahrhunderts ein Tintenfleck, der – so grotesk es auch anmutet –, von reliquiensüchtigen Lutherverehrern oft abgekratzt, immer wieder erneuert werden musste. Die Anekdote bezieht sich auf einen, allerdings umstrittenen, Ausspruch Luthers in den Tischreden, nach dem er „den Teufel mit Tinte vertrieben“ habe, was aber doch wohl im übertragenen Sinne zu verstehen ist. So volkstümlich diese Geschichte auch sein mag, die persönliche Existenz des Teufels stand für Luther – wie für alle Menschen des Mittelalters – außer Frage.

Während Luther auf der Wartburg sitzt, verkompliziert sich die Lage in Wittenberg immer mehr. Karlstadt wettert gegen die Bilder in der Kirche. „Das ist Teufelswerk! Betet zu Gott und nicht zu Heiligenbildern!“, sagt er, und das Volk wird unruhig. Anfang Dezember 1521 kommt Luther in die Stadt, heimlich und ohne Erlaubnis des Kurfürsten. Er versucht, die Lage zu beruhigen, aber dafür bleibt ihm keine Zeit. Er muss zurück auf die Wartburg. „Hütet euch vor Aufruhr und Empörung“, schreibt er, „welche meine Lehre recht lesen und verstehen, die machen nicht Aufruhr. Die haben’s nicht von mir gelernt.“

Doch niemand hört darauf. Ohnmächtig muss Luther hören, dass in Wittenberg „Schwärmer“ aufgetaucht sind, die die Lage anheizen. Im Februar 1522 kommt es zum Versuch eines Bildersturms in der Stadtkirche. Der Rat der Stadt kann diesen zwar unterbinden, ruft gleichzeitig aber Luther zurück. Der Kurfürst ist dagegen, „Luther ist in Acht und Bann, ich kann ihn nicht schützen“, sagt er, doch Luther lässt sich nun nicht länger halten. Er vertauscht das ritterliche Gewand gegen die vertraute Mönchskutte, lässt sich wieder eine Tonsur schneiden und predigt in der ersten Woche der Passionszeit 1522 acht Tage hintereinander den Wittenbergern ins Gewissen:

„Lasst euch nicht irremachen“, ruft er den Leuten von der Kanzel der Stadtkirche zu. „Nicht mit Gewalt! Allein durch das Wort“ könne die Reformation vorangetrieben werden. Man hört auf ihn, und nach den „Invokavitpredigten“ ist die Ruhe wiederhergestellt. Doch Luthers Rolle hat sich gewandelt, aus dem Rebellen ist ein Mann geworden, der darauf achten muss, dass die Bewegung, die er ausgelöst hat, nicht in unkontrollierbare Bahnen gerät.

Unruhen und Umwälzungen: Zwickau, Stolberg, Nimbschen

Luther musste nun einiges tun, um auch weiterhin Herr der Lage zu bleiben. Vor allem die Zustände in Zwickau bereiteten ihm Sorgen. Die Stadt, die durch die erzgebirgischen Silberfunde und die einheimische Wolltuchherstellung reich geworden war, hatte in der ersten Hälfte des 16. Jahrhunderts bereits 7000 Einwohner, davon 250 Tuchmachermeister, die an der Spitze des städtischen Bürgertums standen. Bei den Zwickauer Bürgern hatte das reformatorische Gedankengut schnell Anklang gefunden. Nach Wittenberg war Zwickau die zweite Stadt, in der evangelisch gepredigt wurde. Luther selbst hatte den damals noch völlig unbekannten Thomas Müntzer in Zwickau als Prediger empfohlen. Im Mai 1520 trat Müntzer sein Amt an der Marienkirche an.

Der Theologe Thomas Müntzer (um 1489–1525) war ursprünglich ein Anhänger Luthers. Müntzers mystisch geprägte Theologie wurde jedoch immer radikaler und sozialkritischer, was zum offenen Bruch mit Luther führte. Als „Feldprediger" der aufständischen Bauern wurde Müntzer nach der Schlacht bei Frankenhausen am 15. Mai 1525 gefangen genommen, gefoltert und später enthauptet.

Dieser bedeutende spätgotische Sakralbau entstand als Umbau einer romanischen Vorgängerkirche von 1453 bis 1565. Die zahlreichen Sandsteinplastiken am Außenbau kamen allerdings erst Ende des 19. Jahrhunderts hinzu. Neben einem Bergkristallkruzifix von 1480 und einer Pietà von Peter Breuer gehört der spätgotische Wandelaltar zu den größten Schätzen der reich ausgestatteten Kirche. Er entstand 1479 in der Werkstatt des Nürnbergers Michael Wolgemut,

Die Zwickauer Marienkirche war 1520 Wirkungsstätte des damals noch ganz unbekannten radikalen Reformators Thomas Müntzer, den Luther selbst als Prediger empfohlen hatte. Der spätgotische Wandelaltar im Chor der Kirche (Foto rechts), dessen Schreinfiguren Veit Stoß zugeschrieben werden, entstand 1479 in der Werkstatt des Nürnbergers Michael Wolgemut.

die Schreinfiguren werden Veit Stoß zugeschrieben.

Zunächst beschränkte sich Müntzer auf eine scharfe Kritik an der römischen Amtskirche, doch seine Predigten wurden immer radikaler und sozialkritischer. Gemeinsam mit dem Laienprediger Nikolaus Storch (vor 1500–nach 1536), der die obrigkeitsfeindliche Gruppe der „Zwickauer Propheten" anführte, wich er weit von der lutherischen Lehre ab und musste die Stadt 1521 wieder verlassen. Da aber auch danach noch keine Ruhe herrschte, bat der Bürgermeister Mühlpfort aus Zwickau in Wittenberg um Unterstützung. Luther kam dieser Bitte im Rahmen einer Visitationsreise nach und traf am 28. April 1522 in Zwickau ein. Zwei Tage später predigte er in der Barfüßerkirche, dem Gotteshaus des Franziskanerklosters. Seine Anwesenheit hatte sich schnell herumgesprochen, und schon bald reichte der Platz nicht mehr aus. Deshalb hielt Luther am 1. Mai vor einer unüberschaubaren Menschenmenge eine weitere Predigt von einem Fenster des Rathauses aus. Damit gelang es ihm, die Unruhen beizulegen und die Reformation in friedliche Bahnen zu leiten.

Das Rathaus ist ein Bau aus dem frühen 15. Jahrhundert, dessen neugotische Fassade jedoch erst

HEILIG HEILIG HEILIG IST DER HERR ZEBAOTH!

Das Zwickauer Rathaus mit seiner neugotischen Fassade, rechts im Bild, hat eine rund 600-jährige Geschichte. Aus einem der Fenster predigte Luther am 1. Mai 1522 wortgewaltig gegen die radikalen „Zwickauer Propheten". Links im Bild das 1525 fertiggestellte Gewandhaus mit seiner prächtigen spätgotischen Fassade. Das einstige Lager- und Messehaus der Zwickauer Tuchmacher wird seit 1832 als Stadttheater genutzt.

1862 entstand. Zu den wichtigsten Bauwerken der Stadt zählt auch die Katharinenkirche, eine dreischiffige Hallenkirche, deren Ursprünge auf ein im 13. Jahrhundert erbautes Benediktinerinnenkloster zurückgehen. Von Herbst 1520 bis April 1521 wirkte Thomas Müntzer hier als Prediger. In dem spätgotisch umgestalteten Bauwerk befindet sich ein Altar aus der Cranachwerkstatt mit den Bildnissen Friedrichs des Weisen und Johanns des Beständigen.

Nicht immer war der wortgewaltige Reformator so erfolgreich wie in Zwickau. Wie auch in anderen vom thüringischen Bauernaufstand erfassten Städten fand er in Stolberg kaum Gehör. Das in einem idyllischen Harztal gelegene Fachwerkstädtchen hat sich bis heute kaum verändert. Anfang des 16. Jahrhunderts lebten hier etwa 2500 Einwohner, vor allem Bauern, Bürger und Bergknappen, die unter den drückenden sozialen Lasten zu leiden hatten. Es gab aber auch reiche Patrizier, 24 Geistliche, und hoch über der Stadt

Der Bauernkrieg war die größte soziale Erschütterung des 16. Jahrhunderts in Deutschland. Luther, in dessen Lehre viele Bauern ihre Hoffnung setzten, wandte sich schroff gegen die Aufständischen. Zeitgenössischer Holzschnitt von Hans Sebald Beham

residierte in einem prächtigen Renaissanceschloss das Geschlecht der Grafen zu Stolberg. In Stolberg war Luthers Gegenspieler Thomas Müntzer geboren worden, an den ein Denkmal vor dem hübschen Renaissancerathaus erinnert.
Als die Unruhen Anfang 1525 auch auf Stolberg übergriffen, richtete der Graf einen Hilferuf an Luther. Dieser machte sich sofort auf den Weg

In der kleinen Fachwerkstadt Stolberg im Harz, dem Geburtsort Thomas Müntzers, fand Luthers Botschaft der Mäßigung kaum Gehör. Wenige Tage nachdem er am 21. April 1522 in der spätgotischen Stadtkirche St. Martini (Bildmitte) gepredigt hatte, stürmten die Armen der Stadt das Schloss (oben im Bild).

und traf am 20. April in Stolberg ein. Am Tag darauf predigte er in der spätgotischen St.-Martini-Kirche. Das Reich Gottes sei ein Friedensreich, das man nicht mit Gewalt aufbauen könne, bekamen die Stolberger zu hören. Vor allem sei man der Obrigkeit Ehre und Gehorsam schuldig. Zumindest in diesem Punkt war man in Stolberg ganz anderer Meinung. Am 2. Mai, nur wenige Tage nach Luthers Abreise, stürmten die Armen der Stadt das Schloss. Luthers Gastgeber, der gräfliche Kanzler Wilhelm Reifenstein, musste Hals über Kopf nach Wernigerode fliehen.

Obwohl Luther sein Ziel in Stolberg nicht erreichte, hatte er einen Blick für die Schönheit der kleinen Stadt. Oberhalb des Ortes befindet sich an der Lutherbuche eine Gedenktafel mit folgendem Text: „Als Anno 1525 freitags nach Ostern Luther Stolberg besuchte und mit seinem Freunde Reifenstein auf diesen Berg spazierte, verglich er die Stadt Stolberg gar füglich einem Vogel. Das Schloss, meinte er, wäre der Kopf, der Markt der Rumpf, die beiden Gassen die Flügel, die Niedergasse der Schwanz."

Eine Woche nachdem der Bauernkrieg blutig niedergeschlagen worden war, tat Luther einen Schritt, der ebenfalls eine Umwälzung bedeutete, allerdings zunächst eine rein private: Er heiratete Katharina von Bora (1499–1552). Ein Mönch heiratet eine Nonne – der Skandal war perfekt, doch in Wittenberg hatte man mit dieser Entscheidung längst gerechnet. Zu oft hatte Luther schon gegen den Zölibat gewettert. „Wachset und mehret euch", heißt es in einer seiner Schriften, „das ist nicht ein Gebot, sondern mehr als ein Gebot, nämlich ein göttlich Werk, das nicht bei uns steht zu verhindern oder zuzulassen, sondern es ist ebenso not, als dass ich ein Mannsbild sei, und nötiger denn essen und trinken, schlafen und wachen. Es ist eine eingepflanzte Natur und Art, ebenso wohl als die Gliedmaßen, die dazu gehören." Deutliche Worte eines Mannes, der sich ursprünglich zur Keuschheit verpflichtet hatte, inzwischen aber zu der Erkenntnis gelangt war, dass es sich dabei keineswegs um ein in der Bibel bezeugtes göttliches Gebot handele.

Luthers Ehe hatte eine lange und stellenweise sogar abenteuerliche Vorgeschichte, die in der Nähe von Leipzig begann: Ungefähr 30 Kilometer

Die südöstlich Leipzigs im Muldetal gelegene Stadt Grimma wurde um 1170 von Markgraf Otto dem Reichen gegründet. Im Schloss residierten die Markgrafen von Meißen und die sächsischen Kurfürsten. Das 1442 errichtete Rathaus mit seinem charakteristischen geschwungenen Giebel hat im Laufe der Jahre sein Antlitz stark verändert, zeigt aber heute, nach erfolgter erneuter Renovierung, wieder das Bild des Jahres 1515.

südöstlich von der sächsischen Großstadt Leipzig liegt Grimma. Die um 1170 entstandene Marktsiedlung erhielt 1220 das Stadtrecht, verlor aber mit dem Aufstieg der nahen Messestadt Leipzig als Handelsplatz an Bedeutung. Auf dem von stattlichen Bürgerhäusern gesäumten Marktplatz steht ein zweigeschossiges Rathaus von 1442, das nach einem Brand bis 1585 erneuert wurde. Die doppeltürmige frühgotische Frauenkirche und das Augustinerkloster, das später als Fürsten- und Landesschule genutzt wurde, gehören zu den interessantesten Bauten des malerisch am Ufer der Mulde gelegenen Städtchens.

Als Luther 1516 erstmals nach Grimma kam, um das Augustinerkloster zu besuchen, ahnte er

nicht, welche Bedeutung die kleine Stadt für sein späteres Leben haben sollte. Unweit der Stadt, in Nimbschen, befand sich auf dem Hang oberhalb der Mulde seit 1258 das Zisterzienser-Nonnenkloster Marienthron. Es war ein wohlhabendes Kloster mit großen Ländereien und reichem Viehbestand. Im Jahr 1519 lebten hier 40 Nonnen. Eine davon war die aus einem verarmten sächsischen Adelsgeschlecht stammende Katharina von Bora. Ihr Vater hatte sie schon als Kind im Kloster untergebracht, weil hier eine nahe Verwandte als Äbtissin amtierte.

Obwohl die Klostermauern dick waren, drangen die Nachrichten von den reformatorischen Ereignissen auch nach Marienthron. Wie andernorts wuchs bei den Nonnen der Wunsch, das

Im Bereich von Grimmas Unterstadt errichteten Augustiner-Eremiten ihr Kloster. Mehrfach besuchte Martin Luther hier seine Ordensbrüder, wetterte von der Kanzel gegen den Ablasshandel und überzeugte damit auch die Grimmaer Bürger. Das Bauensemble von Klosterkirche und evangelischer Fürsten- und Landesschule, die im Jahr 1550 in die ehemalige Klosteranlage zog, prägt bis heute das Stadtbild. Das jetzige Schulgebäude (rechts im Bild) stammt aus dem 19. Jahrhundert.

Vorige Doppelseite:
In der Nähe von Grimma, etwa 30 Kilometer südöstlich von Leipzig, liegt die Ruine des 1258 gegründeten Zisterzienserinnenklosters Marienthron. Dort lebte Luthers spätere Ehefrau Katharina von Bora seit ihrer Kindheit als Nonne. In der Osternacht 1523 verhalf der Torgauer Ratsherr Leonhard Koppe, der als Fisch- und Bierlieferant mühelos Zutritt zum Kloster hatte, ihr und acht weiteren Nonnen in einer abenteuerlichen Aktion zur Flucht. Gut zwei Jahre später heiratete der Mönch Martin Luther die Klosterfrau Katharina von Bora.

Kloster zu verlassen – und zwar für immer. Der Torgauer Ratsherr Leonhard Koppe, der als Fisch- und Bierlieferant ohne Weiteres Zutritt zum Kloster hatte, verhalf Katharina von Bora und acht weiteren Nonnen in der Osternacht 1523 zu einer abenteuerlichen Flucht aus Nimbschen. Der Schriftsteller Jochen Klepper hat das dramatische Geschehen in einem Roman fantasievoll ausgemalt:

„Die drei Männer zwischen der Klostermauer und dem hügeligen Buchendickicht nahe am schilfumgrenzten, schimmernden Weiher, der den Beterinnen von Marienthron die Fastenspeise gab, standen regungslos. Nur manchmal wandte sich einer von ihnen nach den Pferden um, als müssten auch sie in ein Geheimnis einbezogen bleiben. Hätte eines Menschen Blick die Nacht durchdrungen, die nur eine mit Reisig verdeckte Laterne in schmaler, schwarzer Lichtbahn matt erhellte – das Rätsel wäre ihm noch unlösbarer erschienen. Wie diese drei, so nach Herrenart, sah selbst des reichen torgischen Kaufherrn in gutem Lohn und Sold gehaltener Fuhrmannstross nicht aus. Zwei jüngere Herren – der eine von ihnen freilich kein Jüngling mehr – von ehrbarem Stande – flüsterten da miteinander; und der Alte neben ihnen, der wie ein Jäger nach dem Wild ausspähte, wirkte wie ein reicher Junker, wie sie auf den Herrensitzen rings nicht gerade häufig waren. Aber es war in der Tat Herr Leonhard Koppe von Torgau. Der Kaufherr selbst war mit dem Planwagen gekommen.

Heirat von Martin Luther und Katharina von Bora in Wittenberg am 13. Juni 1525. Druck nach einem Gemälde von Paul Thumann (1834–1908)

Sein Fuhrwerk war ohne Fracht. Ware brachte Herr Koppe nicht mit. Es standen zwar zwei Fässer bei dem Fuhrwerk, aber die Tonnen waren leer. Lautlos waren sie herabgehoben worden. Als über der Klostermauer der Schatten einer verschleierten Frau erschien, stürzte Koppe, wachsamer als die beiden jüngeren Männer, als Erster herbei, ihr hilfreich seine starken Hände entgegenzustrecken.“ Alle neun Nonnen konnten in dieser Nacht aus dem Kloster entkommen.

Heute ist von Kloster Marienthron nur die Ruine eines Gebäudes erhalten. Daran ist eine Tafel mit der Inschrift befestigt: „In diesem Nonnenkloster weilte 1509–1523 Katharina von Bora. Befreit wurde sie durch den Ratsherrn Leonhard Koppe aus Torgau am 4. April 1523, vermählt mit Dr. Martin Luther zu Wittenberg am 13. Juni 1525.“

Die Nonne und der Mönch: 1525 heiratete Martin Luther die zwei Jahre zuvor entflohene Zisterzienserin Katharina von Bora. Lucas Cranach d. Ä., der ein Freund der Familie war, hat das Ehepaar porträtiert.

Obwohl Luther den Zölibat abgelehnt hatte und sich schon seit Jahren mit Heiratsgedanken trug, verhielt er sich in dieser Sache eher zögerlich. Noch am 16. April 1525 schrieb er an Spalatin: „Was Du über meinen möglichen Ehestand schreibst – wundere Dich bitte nicht, dass ich keinen führe, obwohl ich doch als Liebhaber berüchtigt bin. Wundere Dich vielmehr darüber, dass ich, obgleich ich so oft über die Ehe schreibe und mich mit Frauen abgebe, nicht schon längst selbst zu einer Frau geworden bin oder wenigstens irgendeine geheiratet habe …"
Acht Wochen später ließ sich Luther mit Katharina von Bora in der Wittenberger Schlosskirche trauen. In den Tischreden sagte er später: „Dass ich meinem Vater bittere Last aufgelegt habe

und mit dem Papst in Streit geraten bin und eine entlaufene Nonne zum Weibe genommen habe, wer hat das in den Sternen gelesen? Wer hat mir das vorhergesagt?“

In den folgenden Jahren wurde Luther Vater von drei Söhnen und drei Töchtern. Mit der Gründung seiner Familie wird eine für die deutsche Geistes- und Kulturgeschichte höchst wichtige Institution in Verbindung gebracht: das evangelische Pfarrhaus. Das ist zwar nicht ganz korrekt, denn der erste verheiratete Pfarrer war Johannes Bugenhagen, der 1523 in das Amt des Wittenberger Stadtpfarrers gewählt wurde. Und Luther selbst hat zwar häufig gepredigt, war aber nicht als Pfarrer tätig, sondern als Universitätsprofessor. Dennoch ist sein gelebtes Vorbild für die Entwicklung des deutschen Pfarrhauses unbestritten. Es wäre müßig, all jene Dichter und Philosophen, Komponisten und Schauspieler, Wissenschaftler und Politiker aufzuzählen, die in der musisch und geistig anregenden Atmosphäre eines Pfarrhauses aufgewachsen sind. So viel steht jedenfalls fest: Kein anderes familiäres Milieu in Deutschland hat so viele bedeutende Persönlichkeiten hervorgebracht wie das der Pastorenfamilie. Eine Idylle ist das Pfarrhaus jedoch kaum gewesen.

Auch in Luthers eigener Familie ging es längst nicht so harmonisch zu, wie es auf den im 19. Jahrhundert so beliebten Gemälden über das Privatleben des Wittenbergers gerne dargestellt wurde. Zwar hatte der Reformator eine innige Beziehung zu seiner Käthe, die er zärtlich als „Morgenstern" bezeichnete, und war seinen Kindern ein liebender Vater, andererseits dürfte er aufgrund seiner häufigen Stimmungsschwankungen und seiner sprichwörtlichen Arbeitswut manchmal nur schwer zu ertragen gewesen sein. Die Hausarbeit überließ er, wie es in der patriarchalischen Gesellschaft üblich war, ganz und gar seiner Frau, die mit Geschick und unermüdlichem Einsatz als „domina" den riesigen Hausstand in Schwung hielt. Leicht hat sie es an der Seite ihres Mannes nicht gehabt, und weder ihre Zeitgenossen noch die Nachwelt ließen ihr immer Gerechtigkeit zuteil werden. Doch dieses Schicksal teilt sie mit den meisten Frauen berühmter Männer, deren Anteil am Erfolg des Partners fast immer im Schatten bleibt.

„Luther im Kreise seiner Familie“ (1866), Gemälde von Gustav Adolph Spangenberg (1828–1891) im Museum der bildenden Künste in Leipzig. Vorn ist Luthers Frau Katharina von Bora dargestellt, im Hintergrund Philipp Melanchthon.

Bekenntnisse und Bündnisse: Veste Coburg, Schmalkalden, Eisleben, Wittenberg

Für den temperamentvollen Luther muss es eine enorme Zumutung gewesen sein, nicht selbst am Augsburger Reichstag teilnehmen zu können. Da die kirchliche Zerrissenheit für das Reich, das zudem von den Türken bedroht war, ein großes Problem darstellte, hatte Kaiser Karl V. den Reichstag für den Sommer 1530 einberufen. Während der sächsische Kurfürst mit einer großen Delegation, der auch namhafte Theologen angehörten, nach Augsburg aufbrach, konnte der noch immer geächtete und gebannte Luther nur bis an die äußerste Grenze Sachsens mitkommen. Wieder war es eine Burg, auf der er Quartier bezog, diesmal allerdings nicht die Wartburg, sondern die gerade noch auf kursächsischem Gebiet gelegene Veste Coburg. Die im 13. Jahrhundert oberhalb der Stadt angelegte Veste besteht aus einer östlichen Hauptburg mit Palas, Kemenate, Bergfried, Doppelkapelle und einer westlichen Vorburg. Die Festung, die im Lauf der Jahrhunderte oft umgebaut worden war und ihre militärische Bedeutung spätestens im 18. Jahrhundert verloren hatte, wurde 1838–1844 durch Carl Alexander Heideloff neugotisch renoviert.

Nach seiner Ankunft auf der Veste schrieb Luther am 24. April 1530 an Melanchthon: „Endlich sind wir auf unserem Sinai angelangt, teuerster

Philipp Melanchthon lebte von 1497 bis 1560. Er war der engste Freund und Mitarbeiter Luthers und hat die reformatorische Bewegung durch sein Wirken entscheidend geprägt. Das Porträt, das sich in den Bayerischen Staatsgemäldesammlungen in München befindet, schuf Lucas Cranach d. Ä. im Jahr 1532.

Philippus. Aber wir werden ein Zion aus diesem Sinai machen." Von Resignation also keine Spur, im Gegenteil, Luther ist fest entschlossen, von Coburg aus in das Augsburger Geschehen einzu-

Die Veste Coburg ist die zweite Burg, die in Martin Luthers Leben eine wichtige Rolle gespielt hat. Da er als ein vom Reich Gebannter im Sommer 1530 am Augsburger Reichstag nicht teilnehmen konnte, verfolgte er von hier aus das Tauziehen um die Confessio Augustana, die zur wichtigsten Bekenntnisschrift des Protestantismus wurde. Die Veste, die im 13. Jahrhundert oberhalb der Stadt Coburg angelegt worden war, lag gerade noch auf kursächsischem Gebiet. Ihre heutige Gestalt erhielt sie nach einer neugotischen Renovierung zwischen 1838 und 1844.

greifen. Durch Boten lässt er sich ständig über den Fortgang der Verhandlungen unterrichten. Er gibt Instruktionen und ermahnt Melanchthon, konsequent zu bleiben.

Am 25. Juni 1530 verliest Kanzler Dr. Christian Beyer auf dem Reichstag zu Augsburg vor Kaiser Karl V. die von Philipp Melanchthon verfasste Confessio Augustana, das grundlegende Bekenntnis der lutherischen Reichsstände zu ihrem Glauben. Holzschnitt aus dem 16. Jahrhundert

Am 25. Juni wird im bischöflichen Palast zu Augsburg die Bekenntnisschrift verlesen, die als Confessio Augustana – als Augsburgisches Bekenntnis – zur Grundlage des Protestantismus werden sollte. Der zentrale Satz darin heißt: „Der evangelische Glaube kommt aus der Schrift und aus der Lehre der Alten Kirche. Er ist keine Ketzerei.“

Der Kaiser, der Mühe hat, dem Text zu folgen, veranlasst Eck, eine Widerlegung auszuarbeiten, die am 3. August verlesen wird. Daraufhin reisen die evangelischen Fürsten ab. Der Kaiser

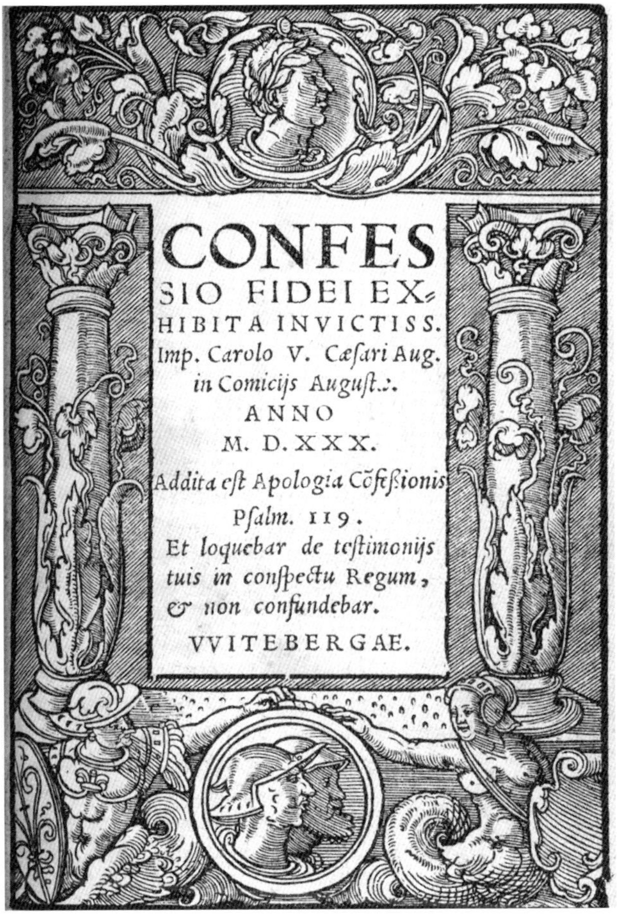
CONFES
SIO FIDEI EX-
HIBITA INVICTISS.
Imp. Carolo V. Cæsari Aug.
in Comicijs August.
ANNO
M. D. XXX.
Addita est Apologia Cōfeßionis
Psalm. 119.
Et loquebar de testimonijs
tuis in conspectu Regum,
& non confundebar.
VVITEBERGAE.

Erstausgabe der Confessio Augustana mit Vorstücken und Anhang in lateinischer Sprache, erschienen bei Rhau in Wittenberg, 1531. Der zentrale Satz darin lautet auf Deutsch: „Der evangelische Glaube kommt aus der Schrift und aus der Lehre der Alten Kirche. Er ist keine Ketzerei.“ Das Augsburgische Bekenntnis war Grundlage der Religionsgespräche, des Schmalkaldischen Bundes (1531) sowie des Augsburger Religionsfriedens (1555) und gehört noch heute zu den verbindlichen Bekenntnisschriften der lutherischen Kirchen.

kann sie nicht hindern, denn er braucht ihre Hilfe, weil die Türken das Reich bedrohen. Luther, der sich gelegentlich über die Kompromissbereitschaft Melanchthons geärgert hatte, konnte mit dem Resultat letztlich zufrieden sein. Im Oktober verlässt Luther die Veste Coburg mit großem kurfürstlichem Gefolge.

In der kleinen thüringischen Stadt Schmalkalden gründeten die protestantischen Reichsstände 1531 den Schmalkaldischen Bund. Zu seiner bedeutendsten Zusammenkunft im Jahr 1537 reisten 18 Fürsten, die Vertreter von 28 Städten und 42 prominente Theologen an. Wichtigster Teilnehmer war Luther, der die Beratungen wesentlich bestimmte. Getagt wurde im Rathaus, dem weißen Gebäude auf dem Foto. Rechts im Bild ist die Stadtkirche St. Georg, in der Luther damals auch predigte.

Schmalkalden

Das mehr als elfhundertjährige thüringische Städtchen Schmalkalden verdankt seine Bekanntheit vor allem der Reformationsgeschichte. Da der Augsburger Reichstag das Wormser Edikt erneuert und die Lage damit weiter verschärft hatte, mussten die evangelischen Fürsten sich verstärkt um Einigkeit bemühen. Sie trafen sich daher nach dem Reichstag in Schmalkalden und gründeten hier 1531 einen Bund der protestantischen Reichsstände. Das bedeutendste Treffen des Schmalkaldischen Bundes fand 1537 statt. 18 Fürsten und die Vertreter von 28 Städten sowie 42 prominente Theologen hatten sich versammelt, um die Schmal-

kaldischen Artikel als Programm zu formulieren. Die Federführung lag in den Händen Luthers, dessen Gutachten die Grundlage für die Beratungen bildete. Am 10. Februar wurde der Konvent im Audienzsaal des Rathauses am Altmarkt feierlich eröffnet.

Obwohl das spätgotische Gebäude Anfang des 20. Jahrhunderts umgebaut wurde, blieb der historische Saal bis heute unverändert erhalten. Auf Wunsch der Fürsten und Städte erarbeiteten die Theologen eine programmatische Schrift „Von der Gewalt der Obrigkeit des Papstes", die die Schmalkaldischen Artikel abschloss. Dem Konzil, das der Kaiser nach Mantua einberufen hatte, werde man, auch das beschloss der Konvent, nicht beiwohnen.

Schmalkalden, Audienzsaal des Rathauses, der bis heute weitgehend unverändert erhalten blieb. Hier wurde 1531 der Schmalkaldische Bund geschlossen und 1537 die Versammlung abgehalten, auf der die von Luther im Auftrag Kurfürst Johann Friedrichs von Sachsen verfassten, sogenannten Schmalkaldischen Artikel als theologisches Programm des Protestantismus verabschiedet wurden. Sie gelten zugleich als Luthers geistliches Testament.

Haus des Rentmeisters Balthasar Wilhelm in Schmalkalden. Hier wohnte Luther während seines Aufenthalts 1537.

Luther wohnte im Haus des hessischen Rentmeisters Balthasar Wilhelm, einem stattlichen Fachwerkgebäude am heutigen Lutherplatz. Da er aber in diesen Tagen unter einer heftigen Nieren- oder Blasensteinerkrankung litt, konnte er dem Konvent nur selten persönlich beiwohnen. Trotzdem predigte er einmal in der Stadtkirche St. Georg, einer dreischiffigen spätgotischen Hallenkirche. Seine Krankheit verschlimmerte sich jedoch so sehr, dass er mit seinem baldigen Ende rechnete und nur noch den Wunsch hatte, auf heimischem kursächsischem Boden zu sterben. In Begleitung eines Arztes und mehrerer Freunde verließ Luther, weich auf einem kurfürstlichen Wagen gebettet, am 26. Februar 1537 Schmalkalden. Es mag kurios klingen, doch die schlechten thüringischen Straßenverhältnisse retteten dem Reformator das Leben. Auf dem holperigen Weg wurde Luther im Wagen so durchgeschüttelt, dass sich in der Nähe von Tambach die Steine lösten und von selbst abgingen. Für die Nachwelt war diese Erklärung aber zu wenig erhaben, und so kam bald die Legende auf, nach der Luther im Tammichgrund bei Tambach-Dietharz aus einem heilkräftigen Brunnen getrunken haben und deshalb gesundet sein soll. Am 11. November 1883, dem 400. Geburtstag des Reformators, erhielt die Quelle den Namen „Lutherbrunnen“ und wurde mit einer lateinischen Inschrift versehen.

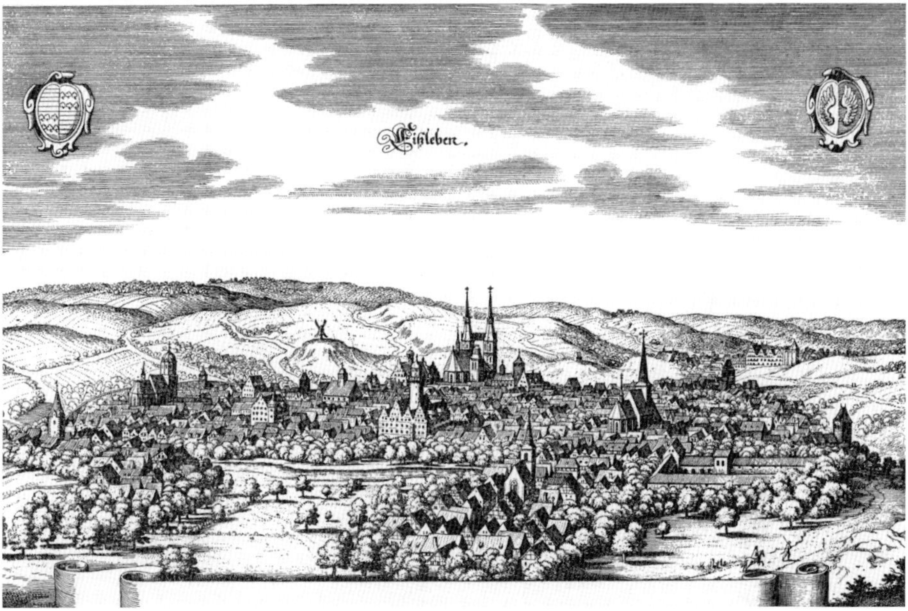

Eisleben, Wittenberg

Umgeben von den anmutigen Hügeln des an Bodenschätzen reichen Mansfelder Landes konnte sich Eisleben im Spätmittelalter als aufstrebende Bürgerstadt entwickeln. Die hoch aufragenden Kirchtürme und das stattliche Rathaus zeugen vom Wohlstand, der sich auf den Bergbau gründete. Der Merian-Stich entstand um 1645.

Seit seiner Rückkehr von der Wartburg lebte Luther ständig in Wittenberg, wo er seinen Lehr- und Predigtverpflichtungen nachkam und die Geschicke der reformatorischen Bewegung lenkte. Doch er unternahm zahllose Reisen, um zu predigen, Visitationen vorzunehmen oder Freunde zu besuchen. Noch in seinem vorletzten Lebensjahr reiste Luther, der die Nähe des Todes schon spürte, zwischen Ende Juli und Mitte August nach Leipzig, Zeitz, Merseburg, Halle und Torgau. Am 28. Januar 1546 traf er in seiner Geburtsstadt Eisleben ein. Die Grafen von Mansfeld hatten ihn gebeten, ihre Erbstreitigkeiten zu schlichten. Schon an der mansfeldischen

Als Luther am 28. Januar 1546 in seine Geburtsstadt Eisleben kam, um hier die Erbstreitigkeiten der Mansfelder Grafen zu schlichten, war er schon ein todkranker Mann. Er bezog Quartier im Haus des Stadtschreibers Philipp Drachstedt am Markt. Auf der Kanzel der Kirche St. Andreas hielt Luther am 14. Februar 1546 seine letzte Predigt. In der Nacht vom 17. zum 18. Februar verschlimmerte sich sein Gesundheitszustand dramatisch. Freunde trugen ihn zu Bett. Kurz vor drei Uhr starb er, umgeben von seinen Söhnen, seinem Mitarbeiter Justus Jonas, den Mansfelder Grafen und anderen Freunden.

Grenze empfingen ihn die zerstrittenen Brüder mit Ehrengeleit.

Luther wohnte bei einem langjährigen Freund, dem Stadtschreiber Philipp Drachstedt, am Markt, in der Nähe der St.-Andreas-Kirche. Obwohl er schon bei seiner Ankunft vom Tod gezeichnet war, führte er täglich neunzig Minuten lang die Verhandlungen zwischen den Grafen. Am 14. Februar kam die Einigung zustande, die am Tag darauf vertraglich fixiert wurde.

Wie man heute weiß, befindet sich die Gedenkstätte „Luthers Sterbehaus" in Eisleben (Foto) im falschen Gebäude. Stadtchronist Eusebius Francke verwechselte 1726 das am Markt gelegene Haus von Luthers Freund Doktor Philipp Drachstedt mit dem Haus von dessen Sohn Barthel am Andreaskirchplatz 7. Offenbar bemerkte niemand diesen Irrtum. 1863 kaufte der Fiskus das Gebäude am Andreaskirchplatz, und schon fünf Jahre später war es erstmals als museale Einrichtung der Öffentlichkeit zugänglich.

Am 14. Februar betrat Martin Luther auch die schöne, kunstvoll mit Arabesken und Heiligenfiguren verzierte Renaissancekanzel von St. Andreas, um die letzte Predigt seines Lebens zu halten. Doch er erlitt bald einen Schwächeanfall und brach die Predigt mit den Worten ab: „Ich bin zu schwach, wir wollens hierbei bleiben lassen." Zwei Tage später sagte er: „Wenn ich wieder heim gen Wittenberg komme, so will ich mich alsbald in einen Sarg legen und den Maden einen feisten Doktor zu fressen geben." Am nächsten Abend aß er zwar noch einmal mit Freunden, doch in der Nacht verschlechterte sich sein Zustand so stark, dass die herbeigerufenen Ärzte nicht mehr helfen konnten.

Martin Luther starb am 18. Februar 1546 morgens kurz vor drei Uhr, umgeben von seinen Söhnen, seinem Mitarbeiter Justus Jonas, den Mansfelder Grafen und anderen Freunden. Der Leichnam wurde zunächst in der Andreaskirche aufgebahrt. Zur Trauerfeier erschienen so viele

Menschen, dass nicht nur die Kirche, sondern auch die umliegenden Straßen und Plätze gefüllt waren. Am nächsten Tag begann die Überführung des Sarges mit feierlichem Geleit nach Wittenberg. Ein Zeitgenosse berichtet über die Ankunft:

„Und den Montag hernach zu Wittenberg zwischen acht und zehn Uhr ans Tor gekommen. Da ist ihm der Landvogt entgegen geritten und hat ihn und die Grafen von Mansfeld angenommen. Der Wagen, darauf er in einem Sarg geführt, ist mit einem schwarzen Sammet bedeckt, dabei ein schmal, weiß Tüchlein in die Länge gewesen. Und also in die Stadt zum Elstertor vor sein Kloster geführt, die Reiter vorher geritten, die Herren der Universität mit seinen Söhnen und Studenten nachgegangen, und auch sein Weib, welche aus Betrübnis so schwach gewesen, dass sie nicht hat gehen können, nachgefahren bis in die Schlosskirche.“

Die Traueransprachen hielten Luthers Freunde Philipp Melanchthon und Johannes Bugenhagen. Anschließend wurde Luther in der Schlosskirche beigesetzt. Nachdem die Kirche Ende des 19. Jahrhunderts umgestaltet worden war, erhielt die schlichte bronzene Grabplatte, die ursprünglich in den Fußboden eingelassen war, einen einfachen Sandsteinsockel.

Luthers Grab in der Wittenberger Schlosskirche. Ursprünglich war die schlichte bronzene Grabplatte in den Fußboden eingelassen. Nach der Umgestaltung der Kirche am Ende des 19. Jahrhunderts erhielt sie einen einfachen Sandsteinsockel.

Lutherstätten in Deutschland von A bis Z

Altenburg

Die einstige Residenzstadt der Wettiner Fürsten im Osten Thüringens hat eine über 1000-jährige Geschichte. Seit dem 10. Jahrhundert befand sich oberhalb der Stadt eine Burg, die im 12. Jahrhundert zur Kaiserpfalz ausgebaut wurde. Auf ihren Grundmauern entstand das prächtige Renaissanceschloss. Wahrzeichen der Stadt sind die „Rote Spitzen" genannten Türme des ehemaligen Augustinerklosters – wie die Schloss- und die Bartholomäikirche steinerne Zeugen der Reformation. Altenburg ist berühmt für seine ins Spätmittelalter zurückreichende Tradition der Spielkartenherstellung. 1820 wurde hier das Skatspiel erfunden.

Martin Luther und Altenburg

Luther weilte etwa 15-mal in der Stadt. Meist besuchte er seinen Freund Georg Spalatin (1484–1545), der als Geheimsekretär und Hofprediger Friedrichs des Weisen das Vertrauen des Kurfürsten besaß und diesen zur Förderung und zum Schutz Luthers bewog (die „Entführung" auf die Wartburg war seine Idee). Der in der großen Politik gut vernetzte Spalatin trug durch seine Diplomatie und seine Publikationen entscheidend zur Durchsetzung der reformatorischen Bewegung bei. Er gilt daher als „Steuermann der Reformation". Luthers erster Altenburg-Aufenthalt war im Januar 1519: Nachdem er sich beim Verhör durch Cajetan in Augsburg geweigert hatte, seine Thesen zu widerrufen, bat ihn Karl von Miltitz, der päpstliche Gesandte am sächsischen Hof, zu einem Gespräch nach Altenburg, wo ein vorübergehendes Stillhalteabkommen zwischen den theologischen Gegnern erreicht wurde. 1522 wendeten sich Altenburger Bürger mit der Bitte um Entsendung eines evangelischen Predigers für die Stadtkirche St. Bartholomäi an Luther. 1523 trat sein Studienkollege Wenzeslaus Linck dieses Amt an und wurde vom Reformator in der Bartholomäikirche getraut – eine der ersten Priesterehen. Luther selbst predigte mehrmals in Altenburg. 1544 besuchte er zum letzten Mal Spalatin.

Stadtkirche St. Bartholomäi

Burgstraße, 04600 Altenburg
Tel. 03447 488495 oder 4336
www.evangelische-kirchgemeinde-altenburg.de

Um 1100 als romanische Saalkirche erbaut, 1430 durch Hussiten zerstört, als gotische Hallenkirche wieder aufgebaut. Ort mehrerer Predigten Martin Luthers, seit 1524 evangelisch. Gemeinsam mit sechs weiteren Thüringer Reformationsstätten erhielt die Stadtkirche 2011 das vom Europarat vergebene Siegel Europäisches Kulturerbe. Eine Dauerausstellung erinnert an Luthers Mitstreiter Georg Spalatin, der hier 1525–1545 als Stadtpfarrer, ab 1528 auch als Superintendent wirkte und das soziale und geistliche Leben von Stadt und Region im Sinne eines „Pilot-Projekts“

der Reformation neu ordnete, unter anderem durch die Verstaatlichung der fünf Altenburger Klöster. Spalatins Grabplatte ist im Chorraum.

Brüderkirche

Brüdergasse 11, 04600 Altenburg
Tel. 03447 488495 oder 4336
www.evangelische-kirchgemeinde-altenburg.de

1522 hielt Luther in der Franziskaner-Klosterkirche aus dem 13. Jahrhundert seine erste Predigt in Altenburg. 1529 wurde das Kloster vom Rat übernommen, die Brüderkirche diente als Ersatz für die geschlossene Nikolaikirche, weitere Gebäudeteile wurden für die von Spalatin gegründete Mädchenschule genutzt. 1902 Abriss der baufälligen Kirche, 1905 Neubau nach reformatorischen Grundsätzen. Opulente Jugendstildekorationen, an der Fassade große Skulpturen der Reformatoren Martin Luther, Georg Spalatin und Wenzeslaus Linck.

Schloss- und Spielkartenmuseum Schlosskirche

Schloss 2–4, 04600 Altenburg
Tel. 03447 512712
E-Mail: info@residenzschloss-altenburg.de
www.residenzschloss-altenburg.de

Das fast 1000 Jahre alte Altenburger Schloss ist ein architektonisch vielgestaltiges Ensemble mit Renaissancegarten. Das Schlossmuseum präsentiert unter anderem herzogliche Wohnkultur, Porzellan und Spielkarten.
Die Schlosskirche St. Georg, in der Luther 1530 auf der Rückreise von der Veste Coburg predigte, wurde 1404–1414 erbaut, war seit 1413 auch Stiftskirche des Kollegiatsstifts St. Georg und ist seit 1533 evangelisch. Ab 1511 war Georg Spalatin Mitglied des Chorherrenstifts. Das kunstvolle spätgotische Chorherrengestühl stammt aus der Zeit um 1500, die Kanzel von 1595 zeigt Luther in einer Reihe mit Moses, Paulus, Christus und Johannes dem Täufer. Im 17. Jahrhundert innenarchitektonische Veränderungen (Barockaltar, Bet- und Andachtshäuschen, Emporen, Fürstenloge). Der Klang der 1738 erbauten Trost-Orgel fand großes Lob von Johann Sebastian Bach.

Weitere Sehenswürdigkeiten

Rote Spitzen: Wahrzeichen Altenburgs, einzige Überreste des von Kaiser Barbarossa gestifteten Augustinerklosters, einem Symbol des kaiserlichen Machtanspruchs. 1525–1543 verhandelte Georg Spalatin über die Aufhebung des Klosters, das später von der Stadt als Gefängnis, Lager und Waisenhaus genutzt wurde. (Berggasse 15, 04600 Altenburg, Kontakt über Schloss- und Spielkartenmuseum)

Nikolaiturm: Während der Reformation Zeuge heftiger Auseinandersetzungen zwischen Bürgern der Stadt und dem Klerus. Vom Turm (im Sommer geöffnet) Blick bis fast nach Leipzig. (Nikolaikirchhof, 04600 Altenburg, Kontakt über Schloss- und Spielkartenmuseum)

Renaissancerathaus: Das von Nikolaus Gromann, dem Erbauer des ersten protestantischen Kirchenneubaus in Torgau, 1562–1564 errichtete repräsentative Rathaus zählt zu den schönsten Deutschlands. (Markt 1, 04600 Altenburg, Tel. 03447 5940, E-Mail: info@stadt-altenburg.de, www.altenburg.eu)

Altenburger Tourismus-Information
Markt 17, 04600 Altenburg
Tel. 03447 512800
E-Mail: info@altenburg-tourismus.de
www.altenburg-tourismus.de

Augsburg

Anfang des 16. Jahrhunderts war Augsburg eines der wichtigsten europäischen Handels- und Wirtschaftszentren. Gleich drei stark frequentierte Handelsstraßen sorgten für die Verbindung der Freien Reichsstadt Richtung Süden zum Mittelmeerraum und in nördlicher Richtung zu den reichen Hansestädten. Goldschmiedearbeiten, ab Ende des 15. Jahrhunderts auch Buchdruck und Buchhandel trugen zur Berühmtheit der Stadt bei, die durch die Geschäfte der hier ansässigen Familien der Fugger und Welser eine einzigartige Stellung in der europäischen Finanzwirtschaft erlangte. Dieser Reichtum kam durch den Bau von prächtigen Kirchen und Bürgerhäusern zum Ausdruck, die das Stadtbild bis heute prägen.

Martin Luther und Augsburg

Die ganze Pracht dürfte Luther bei seinen beiden Augsburg-Aufenthalten kaum beeindruckt haben, weder 1511 auf dem Rückweg aus Rom noch im Jahr 1518, als er unfreiwillig anreiste: Vor dem Kardinal Cajetan sollte er seine Lehre widerrufen. Als er sich weigerte, drohte der Kardinal dem Mönch mit den Worten: „Entweder widerrufst du oder du kommst nicht zurück.“ Der Gefahr einer Anklage wollte Luther mit einem notariellen Einspruch an Papst Leo X. begegnen, der aber erst am Augsburger Dom angeschlagen wurde, nachdem

Luther fluchtartig die Stadt verlassen hatte. Im Karmeliterkloster St. Anna, in dem er während seines Aufenthalts unterkam, befindet sich heute das Museum „Lutherstiege". 1530 ließ Kaiser Karl V. einen Reichstag in Augsburg ausrufen, um den „Zwiespalt" in der Kirche zu beseitigen. Luther durfte nicht teilnehmen, verfolgte das Geschehen aber von der Veste Coburg aus. Am 25. Juni wurde in der bischöflichen Residenz zu Augsburg die von Philipp Melanchthon verfasste Schrift verlesen, die als Confessio Augustana (Augsburgisches Bekenntnis) Grundlage des Protestantismus werden sollte. 1555 war Augsburg noch einmal Schauplatz eines reformationsgeschichtlichen Schlüsselereignisses: Der Augsburger Religionsfrieden regelte das Verhältnis der Konfessionen im Reich erstmals so, dass eine – wenn auch eingeschränkte – Gleichberechtigung galt. Daran erinnert jährlich am 8. August das Augsburger Hohe Friedensfest, der einzige städtische gesetzliche Feiertag in Deutschland.

Kirchengemeinde St. Anna

Museum Lutherstiege
Fuggerstraße 8, 86150 Augsburg
Tel. 0821 450175100
E-Mail: pfarramt@st-anna-augsburg.de
www.st-anna-augsburg.de

In dem Museum im ehemaligen Karmeliterkloster St. Anna, wo Luther während des Verhörs 1518 unterkam, lassen sich die damaligen Ereig-

nisse hautnah und in moderner medialer Inszenierung erleben. Beim Rundgang erfahren die Besucher nicht nur, wie die Konfrontation zwischen Luther und Cajetan verlaufen ist, sondern werden mit historischen Dokumenten und medialen Inszenierungen auch über die Reformationsgeschichte insgesamt und über die besondere Rolle informiert, die Augsburg hier gespielt hat. Das Museum ist über die Kirche St. Anna zugänglich, in der die Reformation in Augsburg begann. 1525 fand hier erstmals eine Abendmahlsfeier unter beiderlei Gestalt (mit Brot und Wein) statt. Sechs Jahre später zog in den leer stehenden Räumen des Klosters die erste evangelische Lateinschule ein. 1534 wurde die Reformation vom Augsburger Rat offiziell eingeführt. Von der ursprünglichen Kirche und Klosteranlage sind die große Sakristei (1321), die Goldschmiedekapelle (1425), der Kreuzgang (1446), die Heilig-Grab-Kapelle (1508) sowie die Fuggerkapelle (1508/1518) erhalten.

Fuggerhäuser (Stadtpalast der Fugger)

Maximilianstraße 36/38, 86150 Augsburg

Die Maximilianstraße mit ihren Patrizier- und Bürgerpalais und drei Monumentalbrunnen der Renaissancezeit, darunter der berühmte Herkulesbrunnen (Foto rechts), gehört zu den schönsten Straßenzügen Süddeutschlands. Die Fuggerhäuser sind ein Ensemble von prunkvollen Häusern, die Jakob Fugger ab 1511 am damaligen Weinmarkt erwarb. In der Folgezeit wurden sie als Firmenzentrale und Stadtpalast um- und ausgebaut. 1515 entstand der Damenhof, der schönste von heute vier Innenhöfen. Er gilt als erster profaner Bau der deutschen Renaissance. Luthers Befragung durch Kardinal Cajetan fand vom 12. bis zum 14. Oktober 1518 in den Räumen rund um den Mittelhof statt. Sie sind nicht für die Öffentlichkeit zugänglich.

Hoher Dom zu Augsburg

Frauentroststraße 2, 86150 Augsburg
Tel. 0821 31668511
www.bistum-augsburg.de

Die Kathedrale des Bistums Augsburg und Stadtpfarrkirche der Dompfarrei hat ihre Ursprünge im 8. Jahrhundert. Fünf romanische Prophetenfenster von 1065 sind Reste des ältesten bekannten figürlichen Glasmalereizyklus der Welt. Im 14./15. Jahrhundert erhielt der Dom seine heutige Form, darunter die Figurenportale im Süden und im Norden. Nach Luthers Flucht wurde am 22. Oktober 1518 seine notariell beurkundete „Appellation von dem nicht gut unterrichteten an den besser zu unterrichtenden Papst" öffentlich ans Domportal angeschlagen. Die damaligen Domprediger waren Anführer der reformatorischen Bewegung in Augsburg, 1537–1547 wurde im Dom evangelisch gepredigt.

Bischöfliche Residenz (Fronhof)

Fronhof 10, 86152 Augsburg
Tel. 0821 327-01
www.regierung.schwaben.bayern.de/schwaben

Der unter Einbeziehung älterer Vorgängerbauten 1740–1752 errichtete Spätbarockbau beim Dom ist seit 1817 Sitz der Bezirksregierung von Schwaben. Eine Gedenktafel am Pfalzturm erinnert daran, dass sich an der Stelle des heutigen

Rokokosaals der Raum befand, in dem Philipp Melanchthon am 25. Juni 1530 die Confessio Augustana, das Augsburgische Bekenntnis der lutherischen Protestanten, vorlegte.

Peutingerhaus

Peutingerstraße 11, 86152 Augsburg

In dem im 18. Jahrhundert umgebauten palaisartigen Wohngebäude neben dem Dombezirk war Luther am 9. Oktober 1518 Gast von Konrad Peutinger (1465–1547), dem einflussreichen Humanisten und Politiker. Im öffentlich zugänglichen Hof sind Reste von Peutingers Sammlung antiker Steindenkmäler zu sehen.

Beim Galluskirchlein

Gallusbergle, 86152 Augsburg

In der Nacht vom 20. auf den 21. Oktober 1518 verließ Luther heimlich Augsburg, um der drohenden Verhaftung zu entgehen. Freunde sollen ihm in der Nähe der Galluskirche eine kleine Pforte in der Stadtmauer geöffnet haben. Eine Gedenktafel in der nur einen Meter schmalen Gasse „Da hinab“, die an der Galluskirche vorbei zum Gallusplatz hinabführt, erinnert an die Legende mit wahrem Hintergrund.

Weitere Sehenswürdigkeiten

Rathaus: Im Vorgängerbau wurde am 25. September 1555 der Augsburger Religionsfrieden verkündet. Der Elias-Holl-Bau vom Anfang des 17. Jahrhunderts ist zusammen mit dem benachbarten 70 Meter hohen Perlachturm Augsburgs Wahrzeichen. Innen gehört der Goldene Saal zu den Glanzpunkten. (Rathausplatz 1, 86150 Augsburg, Tel. 0821 3240, www.augsburg.de)

Basilika St. Ulrich und Afra: Abteikirche des Benediktinerstifts St. Ulrich und Afra, als einer der letzten großen spätgotischen Kirchenbauten im bayerischen Schwaben 1474 begonnen und 1603/04 beendet. Zur Ausstattung zählen fünf Fuggerkapellen. (Ulrichsplatz 19, 86150 Augsburg, Tel. 0821 345560, www.ulrichsbasilika.de)

Fuggerei: Älteste Sozialsiedlung der Welt, 1521 von Jakob Fugger gestiftet. Die Jahresmiete beträgt 0,88 Euro (= 1 Rheinischer Gulden) sowie drei Gebete täglich für die Stifterfamilie. Drei historische Wohnräume und eine aktuelle Wohnung sind zu besichtigen. Das Fuggereimuseum dokumentiert die Geschichte. (Fuggerei 56, 86152 Augsburg, Tel. 0821 319881-14, www.fugger.de)

Regio Augsburg Tourismus GmbH / Tourist-Info
Rathausplatz 1, 86150 Augsburg
Tel. 0821 50207-0
E-Mail: tourismus@regio-augsburg.de
www.augsburg-tourismus.de

Coburg

Die 1065 erstmals erwähnte Stadt war seit 1353 im Besitz der Wettiner und kam 1485 an deren ernestinische Linie. Bereits 1524 wurde Coburg protestantisch. Vom Ende des 16. Jahrhunderts bis 1918 war es (mit Unterbrechungen) Residenz und Hauptstadt des Herzogtums Sachsen-Coburg. 1920 kam es zu Bayern. Die Herzöge von Sachsen-Coburg und Gotha waren im 19. Jahrhundert durch ihre Heiratspolitik in fast allen europäischen Herrscherhäusern vertreten, wie zum Beispiel Prinz Albert, Ehemann der englischen Königin Victoria. Von Coburgs Vergangenheit als Residenz zeugen unter anderem Schloss Ehrenburg und die trutzige Veste oberhalb der Stadt. Sie ist neben der Wartburg die zweite Burg, die in Luthers Leben eine wichtige Rolle spielte.

Martin Luther und Coburg

Fast ein halbes Jahr lang und nicht ganz freiwillig blieb der Reformator in Coburg, an der äußersten Grenze Sachsens. Am 15. April 1530 war Luther mit großem Gefolge in der Stadt eingetroffen, die er als einen „überaus reizenden und für Studien geeigneten Ort“ bezeichnete. Dabei ging es keineswegs um einen Studienaufenthalt, denn eigentlich hätte Luther natürlich an den Augsburger Religionsgesprächen teilnehmen wollen, was für ihn aber lebensgefährlich gewesen wäre, weil er noch immer unter Reichsacht stand. Während seine Mitarbeiter Philipp Melanchthon und Justus Jonas weiter nach Augsburg reisten, bezog Luther mal wieder auf einer Burg Quartier. Aber anders als knapp neun Jahre zuvor logierte er auf der Veste Coburg nicht inkognito, sondern ganz offiziell. Mittels Boten ließ er sich über das Geschehen im etwa 280 Kilometer entfernten Augsburg informieren, instruierte seine Verhandlungsführer und nahm indirekt Einfluss auf die Verhandlungen zur Confessio Augustana, der wichtigsten Bekenntnisschrift des Protestantismus. In der Osterwoche predigte er in der Coburger Morizkirche.

Veste Coburg

Veste, 96450 Coburg
Tel. 09561 879-0
E-Mail: sekretariat@kunstsammlungen-coburg.de
www.kunstsammlungen-coburg.de

Die im 13. Jahrhundert angelegte Veste besteht aus einer östlichen Hauptburg mit Palas, Kemenate, Bergfried und einer westlichen Vorburg. Nachdem sie ihre militärische Bedeutung verloren hatte, wurde sie 1838–1844 durch den Architekten Carl Alexander Heideloff neugotisch umgebaut. Der letzte regierende Herzog ließ die Burganlage in den historischen Vorzustand zurückversetzen. Ein besonderer Raum ist das

Lutherzimmer, die Arbeits- und Wohnstätte Martin Luthers während seines sechsmonatigen Aufenthalts auf der Veste im Jahr 1530. Gezeigt werden unter anderem ein Lutherbildnis aus der Werkstatt Lucas Cranachs d. Ä. (um 1540) und der Hedwigsbecher, ein Hochschnittglas aus dem 12. Jahrhundert, das 1541 im Besitz Luthers nachweisbar ist. An der Stelle der ursprünglichen Schlosskirche, die aus der im 11. Jahrhundert gegründeten Kapelle St. Peter und Paul hervorging, befindet sich die Lutherkapelle, die ihre heutige Gestalt 1910–1913 erhielt. Die Kunstsammlungen der Veste Coburg umfassen historische Räume, moderne Sammlungspräsentationen (Waffen, Kutschen, Münzen, Orden, Glas und Kunsthandwerk) und einen kleinen Gemäldebestand.

Morizkirche

Pfarramt St. Moriz
Pfarrgasse 7, 96450 Coburg
Tel. 09561 871424
E-Mail: pfarramt@morizkirche-coburg.de
www.morizkirche-coburg.de

Das 1330–1586 auf Fundamenten eines Vorgängerbaus aus dem 12. Jahrhundert erbaute älteste Gotteshaus Coburgs ist dem Stadtheiligen St. Mauritius geweiht. In der Hauptkirche der evangelischen Stadtgemeinde predigte Luther in der Osterwoche 1530. Im Innern erinnert daran eine Luther-Büste von Ernst Rietschel. Das zwölf Meter hohe Alabaster-Epitaph über der herzoglichen Grablege im Chor, das Herzog Johann Casimir 1594–1598 für seine Eltern durch Nikolaus Bergner errichten ließ, zählt zu den schönsten Renaissance-Epitaphien in Deutschland.

Weitere Sehenswürdigkeiten

Schloss Ehrenburg: Das über 450 Jahre alte Residenzschloss ist heute Museum und beherbergt die Landesbibliothek Coburg (umfangreiche Luther-Sammlung). Herzog Ernst I. veranlasste die neugotische Umgestaltung durch Karl Friedrich Schinkel. Porträts in den Schlossräumen führen die Verwandtschaftsbeziehungen des Hauses Sachsen-Coburg und Gotha vor Augen. (Schlossplatz, 96450 Coburg, Tel. 09561 8088-0, E-Mail: sgvcoburg@bsv.bayern.de, www.sgvcoburg.de)

Rathaus und Stadthaus: Der Marktplatz wird von den Renaissancebauten des Rathauses und des Stadthauses gerahmt, in der Mitte steht das 1865 eingeweihte Prinz-Albert-Denkmal, ein Geschenk Queen Victorias. Das Rathaus wurde ab 1577 errichtet. Das gegenüberliegende Stadthaus mit seinen vielen Giebeln ließ Herzog Johann Casimir 1601 als herzogliche Kanzlei errichten.

Neugotischer Bebauungsring: Das europaweit einzigartige Ensemble am grünen Promenadenring entlang der einstigen Stadtmauer entstand als Hommage an das britische Königshaus im aus England stammenden Baustil der Neugotik.

Tourismus und Stadtmarketing
Herrngasse 4, 96450 Coburg
Tel. 09561 89-8000
E-Mail: info@tourist.coburg.de
www.coburg-tourist.de

Dessau

Die ehemalige Residenzstadt des 1474 aus einer Landesteilung hervorgegangenen Fürstentums Anhalt-Dessau beherbergt mit dem Gartenreich Dessau-Wörlitz und dem Bauhaus zwei UNESCO-Welterbestätten der Aufklärung und der Moderne. Die über 800 Jahre alte Stadt, die seit 2007 Dessau-Roßlau heißt, ist aber auch eng mit der Reformation verbunden und beherbergt einen herausragenden Bestand von Cranach-Werken.

Martin Luther und Dessau

Die Fürstenbrüder Johann IV., Georg III. und Joachim von Anhalt wandten sich 1530 dem Luthertum zu und führten 1534 die Reformation ein. Luther hatte engen Briefkontakt mit ihnen und kam mehrmals persönlich nach Dessau. Als ihn der schwermütige Fürst Joachim um Beistand bat, weilte Luther im Juni sowie von Mitte Juli bis Anfang August 1534 am Hof und predigte in der Marienkirche, wohin 1532 auf seine Vermittlung Nikolaus Hausmann (1479–1538) als evangelischer Hofprediger berufen worden war. 1545 ordinierte Luther Georg III. von Anhalt (1507–1553) zum Bischof von Merseburg – als einzigen deutschen Fürsten, der das Amt eines lutherischen Geistlichen bekleidete. Er erwarb nach Luthers Tod unter anderem Hunderte seiner Briefe und trug eine große Sammlung von Schriften der Reformationszeit zusammen (Fürst-Georg-Bibliothek).

Museum für Stadtgeschichte Dessau im Johannbau (Residenzschloss)

Schlossplatz 3 a, 06844 Dessau-Roßlau
Tel. 0340 2209612
E-Mail: museum@stadtgeschichte.dessau.de
www.stadtgeschichte.dessau.de

Der ab 1529 erbaute Westflügel des Dessauer Schlosses (Foto links) war eben fertig, als Luther 1534 hier weilte. Als einziger Teil der 1945 zerstörten Anlage wurde er ab 1990 wieder aufgebaut und beherbergt nun das Museum für Stadtgeschichte. Zu den Stationen gehören neben der Reformation die Herrschaft des „Alten Dessauers" (Fürst Leopold I., 1676–1747); die jüdische Gemeinde, aus der Moses Mendelssohn und Kurt Weill hervorgingen; das Reformwerk des Fürsten Franz (1740–1817) mit dem Philanthropinum und dem Dessau-Wörlitzer Gartenreich; das Bauhaus; die Junkers-Werke und Dessau als Rüstungszentrum, das 1945 zu 80 Prozent zerstört war.

Marienkirche

Schlossplatz 3, 06844 Dessau-Roßlau
www.marienkirche.dessau.de
(Innenraum nur im Rahmen von Veranstaltungen zugänglich)

Der 1263 geweihte erste Bau der Schloss- und Stadtkirche St. Marien wurde 1506–1554 durch einen spätgotischen Backsteinbau ersetzt. Luther predigte hier u. a. im Juli 1534. Die Kirche wurde 1945 zerstört und ab 1990 als Veranstaltungsraum für kulturelle Zwecke wieder aufgebaut.

Johanniskirche

Johannisstraße 11, 06844 Dessau-Roßlau
Tel. 0340 214975
E-Mail: cranach.johannis-marien-dessau@kirche-anhalt.de
www.johanniskirche-dessau.de

1596 wechselte Anhalt zum reformierten (calvinistischen) Bekenntnis. 1679 gewährte Leopold I. (im Foto sein Denkmal vor der Johanniskirche) den Lutheranern freie Religionsausübung und den Bau einer eigenen Kirche. In der 1702 eingeweihten, 1955 wieder aufgebauten Johanniskirche befinden sich drei gerettete Gemälde aus der Marienkirche: von Lucas Cranach d. J. „Jesus im Garten Gethsemane" (1562) und das „Dessauer Abendmahl" (1565), auf denen jeweils Fürst Georg III. als Teilnehmer des biblischen Geschehens erscheint, sowie von Lucas Cranach d. Ä. eine Darstellung der Kreuzigung (1523).

Anhaltische Gemäldegalerie

Puschkinallee 100, 06846 Dessau-Roßlau
Tel. 0340 66126000
E-Mail: gemaeldegalerie@georgium.dessau-rosslau.de
www.georgium.de

Die Hauptwerke der Sammlung werden wegen Sanierung des Schlosses Georgium derzeit im Stadtgeschichtlichen Museum präsentiert, darunter der „Dessauer Fürstenaltar“ von Lucas Cranach d. Ä. (1509/10, Foto), auf dem Friedrich der Weise und Herzog Johann der Beständige in Verehrung der Madonna dargestellt sind.

Fürst-Georg-Bibliothek

Anhaltische Landesbücherei Dessau
Wissenschaftliche Bibliothek
Zerbster Straße 35, 06844 Dessau-Roßlau
Tel. 0340 214734
E-Mail: wissenschaftliche.bibliothek@dessau-rosslau.de; www.bibliothek.dessau-rosslau.de

Zu der von Fürst Georg III. begonnenen umfangreichen Sammlung von Schriften der Reformationszeit gehören die dreibändige Dessauer Cranach-Bibel mit Miniaturen von Lucas Cranach d. J. und prachtvoll kolorierten Holzschnitten, zahlreiche Schriften der Reformatoren, aber auch antireformatorische Polemiken. Das Dessauer Exemplar von Luthers Römerbrief-Vorlesung 1515/16 in einer studentischen Mitschrift von Sigismundus Reichenbach zählt seit 2015 zum UNESCO-Dokumentenerbe. Die Bibliothek befindet sich im barocken Palais Dietrich, das 1777–1793 das Philanthropinum des Schulreformers Johann Bernhard Basedow beherbergte.

Weitere Sehenswürdigkeiten

Gartenreich Dessau-Wörlitz: Mit Wörlitz als Ausgangs- und Höhepunkt entstand 1765–1813 eine seit 2000 zum UNESCO-Welterbe gehörende einmalige Kulturlandschaft mit sechs Schlössern, sieben historischen Park- und Gartenanlagen sowie über 100 Kleinarchitekturen wie dem Gotischen Haus (Foto). (www.gartenreich.com)

Bauhaus: Die 1925–1932 realisierten Dessauer Bauhaus-Projekte, darunter das Bauhaus selbst (Foto), die Meisterhäuser und die Siedlung Dessau-Törten, sind seit 1996 UNESCO-Welterbe. (Stiftung Bauhaus Dessau, Gropiusallee 38, 06846 Dessau-Roßlau, Tel. 0340 6508250, E-Mail: service @bauhaus-dessau.de, www.bauhaus-dessau.de)

Tourist-Information Dessau-Roßlau
Zerbster Straße 2 c (im Rathaus)
06844 Dessau-Roßlau
Tel. 0340 2041442 und 19433
E-Mail: touristinfo@dessau-rosslau.de
www.dessau-rosslau-tourismus.de

Eisenach

Der Name der westthüringischen Stadt zu Füßen der Wartburg wurde erstmals im Jahr 1150 erwähnt. Eisenach ist bekannt als Lutherstätte und als Geburtsstadt Johann Sebastian Bachs. Im Zuge der Industrialisierung ab der zweiten Hälfte des 19. Jahrhunderts wurde 1896 die Fahrzeugfabrik Eisenach gegründet, in der zur DDR-Zeit unter anderem die Automarke „Wartburg" produziert wurde. Heute zählt Eisenach zu den Industriezentren Thüringens.

Martin Luther und Eisenach

In Eisenach besuchte Luther drei Jahre lang die Georgenschule (Gebäude nicht erhalten). Während dieser Zeit lebte er bei der Ratsherrenfamilie Cotta, der das heutige Lutherhaus gehörte, und sang als Chorknabe in der Georgenkirche. Auf der Reise zum Wormser Reichstag 1521 predigte er auf dem Hin- und Rückweg in der Georgenkirche. Wenig später ließ ihn der sächsische Kurfürst Friedrich der Weise bei einem fingierten Überfall kidnappen und auf die Wartburg bringen. Er fand in der Vogtei der Vorburg Quartier, wo er unter dem Decknamen „Junker Jörg" lebte. Innerhalb weniger Wochen übersetzte er das Neue Testament aus dem griechischen Original ins Deutsche; in volkstümlichem und bilderreichem Stil, den jedermann verstehen konnte.

Damit leistete er einen wesentlichen Beitrag zur Herausbildung der neuhochdeutschen Schriftsprache. Die „Lutherstube", in der „Junker Jörg" gearbeitet hat (Foto vorige Seite), gehört zu den wichtigsten Gedenkstätten der Reformationsgeschichte und zu den Höhepunkten jeder Wartburg-Besichtigung. Luther kam noch mehrmals nach Eisenach, das er „meine liebe Stadt" nannte, unter anderem auf der Reise zum Marburger Religionsgespräch 1529 sowie 1540 zu einem dreiwöchigen Aufenthalt beim Superintendenten Justus Menius.

Lutherhaus Eisenach

Lutherplatz 8, 99817 Eisenach
Tel. 03691 29830
E-Mail: info@lutherhaus-eisenach.de
www.lutherhaus-eisenach.de

Das Lutherhaus ist eines der ältesten erhaltenen Fachwerkhäuser Thüringens. Der Überlieferung nach hat Luther hier während seiner Schulzeit 1498–1501 gewohnt. Nach schwerer Beschädigung bei einem Bombenangriff 1944 wurde es in den 1950er-Jahren wieder aufgebaut. 1956 eröffnete die Thüringer Landeskirche eine Luthergedenkstätte mit reformationsgeschichtlicher Ausstellung. 2013–2015 wurde das Haus umfassend saniert. Die interaktive Dauerausstellung „Luther und die Bibel" widmet sich auf drei Etagen unter anderem der Jugend und Schulzeit Luthers sowie der Entstehung und Bedeutung seiner Bibelübersetzung. Im Zwischengeschoss sind die historischen Lutherstuben (Foto) zu besichtigen, ein moderner Anbau beherbergt den Museumsshop und einen Sonderausstellungsraum.

Wartburg

Auf der Wartburg 1, 99817 Eisenach
Tel. 03691 2500
E-Mail: info@wartburg.de
www.wartburg-eisenach.de

Der Name der angeblich 1067 von Ludwig dem Springer gegründeten Burg kommt von „Warte", bedeutet also Wach- oder Wächterburg. Das Hauptgebäude, der Palas aus dem 12. Jahrhundert, gilt als besterhaltener romanischer Profanbau nördlich der Alpen. Moritz von Schwinds Fresken im Sängersaal (1855) illustrieren den „Sängerkrieg auf der Wartburg", Zeugnis der

literarischen Blüte am thüringischen Hof um 1200. In den 1220er-Jahren lebte die später heiliggesprochene Landgräfin Elisabeth von Thüringen auf der Wartburg. An sie erinnern die um 1900 mit Mosaiken neu gestaltete Elisabeth-Kemenate im Palas-Erdgeschoss (Foto) sowie Moritz von Schwinds Fresken von 1854/55 in der Elisabeth-Galerie und im Landgrafenzimmer.
Vom 4. Mai 1521 bis zum 1. März 1522 dauerte Luthers Schutzhaft als „Junker Jörg". In der heutigen „Lutherstube" übersetzte er das Neue Testament und verfasste zahlreiche Schriften.
Zum Reformationsjubiläum 1817 war die Wartburg Schauplatz eines großen Burschenschaftsfests, bei dem erstmals in Deutschland bürgerliche Freiheiten und nationale Einheit gefordert wurden.
Im Zuge der romantischen Wiederentdeckung des Mittelalters im 19. Jahrhundert ließ Großherzog Carl Alexander von Sachsen-Weimar-Eisenach die Burg um- und neu gestalten und

ein Museum einrichten, in dem unter anderem die Bildnisse von Luthers Eltern aus dem Jahr 1527 von Lucas Cranach d. Ä. zu sehen sind (Abbildung S. 23). Wegen ihrer Bedeutung für die Reformation und ihrer bewegten Geschichte ist die Wartburg eine der bekanntesten Burgen Deutschlands und seit 1999 UNESCO-Weltkulturerbe.

Stadtkirche St. Georg

Am Markt, 99817 Eisenach
Tel. 03691 732620
www.eisenach.ekmd-online.de

Die größte und bekannteste Kirche Eisenachs wurde im 12. Jahrhundert gegründet und 1515 zur spätgotischen Hallenkirche umgebaut. Hier sang Luther als Schüler im Chor und predigte 1521 zweimal, bevor er auf die Wartburg in Schutzhaft kam. Im Zuge der Reformation und der Bauernkriege wurde die Kirche verwüstet, aber später mit mehreren Emporen wieder aufgebaut. Von 1665 bis 1797 wirkten Mitglieder der Familie Bach hier als Organisten. Johann Sebastian Bach wurde am 23. März 1685 in der Kirche getauft. Im Chor sind die Grabsteine der Ludowinger, der Landgrafen von Thüringen, aufgestellt.

Haus des Menius

Obere Predigergasse 1, 99817 Eisenach

Im Juli 1540 wohnten Luther, Philipp Melanchthon und Jonas drei Wochen bei Justus Menius, Pfarrer in Erfurt (1525) und Superintendent in Eisenach (1528). Er war Teilnehmer an vielen kirchlichen Verhandlungen und Reformator Mühlhausens. Viele seiner Schriften und Predigten sind mit einer Vorrede Luthers versehen. Heute ist sein Eisenacher Haus Sitz der evangelischen Superintendentur.

Lutherdenkmal

Karlsplatz

Das 1895 aufgestellte überlebensgroße Denkmal von Adolf von Donndorf zeigt Luther mit der Bibel in den Händen, auf dem Sockel sind Szenen seiner Aufenthalte in Eisenach dargestellt.

Weitere Sehenswürdigkeiten

Bachhaus: In dem etwa 550 Jahre alten Fachwerkhaus am Frauenplan, das irrtümlich für das Geburtshaus von Johann Sebastian Bach gehalten wurde, befindet sich seit 1907 ein Memorialmuseum. 2007 wurde das historische Gebäude durch einen direkt angrenzenden Neubau erweitert. Auf über 600 Quadratmetern weltgrößte Ausstellung zu Bachs Leben und Werk inklusive „begehbarem Musikstück". (Frauenplan 21, 99817 Eisenach, Tel. 03691 79340, E-Mail: info@bachhaus.de, www.bachhaus.de)

Thüringer Museum: Das 1899 gegründete Museum hat drei Standorte: die Predigerkirche mit mittelalterlicher Kunst (Predigerplatz 2, 99817 Eisenach, Tel. 03691 784678, www.predigerkirche.eisenachonline.de), das Stadtschloss mit Kunsthandwerk, Gemälden und volkskundlicher Sammlung (Markt 24, 99817 Eisenach, Tel. 03691 670450, www.eisenach.de) sowie die am Fuße der Wartburg gelegene Reuter-Villa (Foto), wo der niederdeutsche Dichter Fritz Reuter seinen Lebensabend verbrachte und die zweitgrößte Richard-Wagner-Sammlung außerhalb Bayreuths präsentiert wird. (Reuterweg 2, 99817 Eisenach, Tel. 03691 743293, E-Mail: reuter-villa@web.de, www.eisenach.de)

Burschenschaftsdenkmal: Auf einer Anhöhe über dem Eisenacher Villenviertel thront seit 1902 das 33 Meter hohe monumentale Burschenschaftsdenkmal, das an das Wartburgfest 1817 erinnert und darüber hinaus einen hervorragenden Blick auf die Wartburg bietet. (An der Göpelskuppe 1, 99817 Eisenach)

automobile welt eisenach: 1899 verließen die ersten „Wartburgmotorwagen" Eisenach und begründeten die bis heute lebendige Mobilbautradition. 1928 erlebte der BMW hier seine Geburtsstunde und 1953 der Wartburg. Der letzte im Werk produzierte Wagen rollte 1991 direkt vom Fließband ins Museum. Seit 1992 produziert Opel in Eisenach Autos. In einer historischen Fabrikhalle zeigt die automobile welt eisenach historische Fahrzeuge, Karosserie-Studien, Prototypen und Konstruktionspläne. (Friedrich-Naumann-Straße 10, 99817 Eisenach, Tel. 03691 77212, E-Mail: museum@awe-stiftung.de, www.awe-stiftung.de)

Eisenach-Wartburgregion Touristik GmbH
Tourist-Information
Markt 24 (im Stadtschloss), 99817 Eisenach
Tel. 03691 7923-0
E-Mail: info@eisenach.info
www.eisenach.info

Lutherstadt Eisleben

Eisleben, eine der ältesten Städte in Sachsen-Anhalt, entstand zwischen dem 3. und 5. Jahrhundert, als Stämme aus Holstein, Schleswig und Mecklenburg nach Süden zogen. Entlang der Elbe lässt sich diese Völkerwanderung an der Ortsnamenendung „-leben" (= Erbe, Erbgut) verfolgen. Dank der Lage im Schnittpunkt zweier großer Handelsstraßen und dem Abbau von Kupferschiefer wurde Eisleben im 15. und 16. Jahrhundert zur bedeutendsten Stadt in der Grafschaft Mansfeld. 1946 erhielt sie zu Ehren ihres größten Sohnes den Beinamen „Lutherstadt", ihre Luthergedenkstätten zählen seit 1996 zum UNESCO-Weltkulturerbe.

Luther und Eisleben

Anfang und Ende von Martin Luthers außergewöhnlichem Leben liegen in Eisleben. Am 10. November 1483 wurde er hier als Sohn von Hans und Margarete Luther geboren. Am 11. November, dem Martinstag, taufte man ihn in der Pfarrkirche St. Petri und Pauli. Doch schon bald wurde Hans Luther klar, dass seine berufliche Zukunft nicht in Eisleben lag, deshalb verließ er die Stadt bereits 1484 wieder, um sich im nahen Mansfeld niederzulassen. Dass Martin Luther in den letzten Tagen seines Lebens in die Geburtsstadt zurückkehrte, war reiner Zufall: Da ihn die Grafen von Mansfeld gebeten hatten, ihre Erbstreitigkeiten zu schlichten, traf er am 28. Januar 1546 in Eisleben ein, wo er am 18. Februar im Haus eines Freundes starb.

Luthers Geburtshaus

Lutherstraße 15, 06295 Lutherstadt Eisleben
Tel. 03475 7147814
E-Mail: geburtshaus@martinluther.de
www.martinluther.de

Bereits 1583 bestückte man das Haus, in dem Luther 100 Jahre zuvor geboren wurde, mit einer Gedenktafel. Nach einem Stadtbrand wurde 1693 an der gleichen Stelle ein Gebäude errichtet, in dem sich eine Armenschule, aber auch ein Gedenkraum befand. Damit ist das Haus eine der ältesten Einrichtungen dieser Art und eines der ersten Geschichtsmuseen im deutschsprachigen Raum. 2005–2007 wurde das Gebäude vollständig saniert und durch einen Neubau erweitert. Im Erdgeschoss wird die Wohnung der Familie präsentiert. Im Obergeschoss befindet sich der sogenannte Schöne Saal mit Porträts von Luther, Melanchthon und den sächsischen Kurfürsten. Die Ausstellung „Von daher bin ich – Martin Luther und Eisleben" begibt sich auf die Spuren der Familie Luther. Rund 250 Exponate erzählen von der Herkunft des Reformators, der Bergbautätigkeit des Vaters, der Frömmigkeit und Spiritualität des Mittelalters sowie von Luthers Taufe in der Petri-Pauli-Kirche, die das wichtigste Ereignis darstellte, das er mit Eisleben verband.

Luthers Sterbehaus

Andreaskirchplatz 7, 06295 Lutherstadt Eisleben
Tel. 03475 7147840
E-Mail: sterbehaus@martinluther.de
www.martinluther.de

Luther reiste mehrmals nach Eisleben, um in die Geschehnisse der Stadt einzugreifen. Auf seiner letzten Reise, die der Versöhnung der zerstrittenen Landesherren diente, starb er am 18. Februar 1546 im Haus seines Freundes Dr. Philipp Drachstedt. Ein Gebäude oberhalb des Eisleber Markts, das man seit 1726 für Luthers Sterbehaus hielt (tatsächlich war es am Standort des Hotels „Graf von Mansfeld"), wurde 1863 vom preußischen Fiskus erworben, um eine Gedenkstätte einzurichten. Die Bausubstanz stammt aus der Lutherzeit, die Fassade wurde jedoch über die Jahrhunderte überformt und die Struktur der Räume verändert. 2010–2013 setzte man das Denkmal sorgsam instand und erweiterte es durch einen modernen Neubau. Die Ausstellung „Luthers letzter Weg" erzählt von den letzten Tagen des Reformators, zeigt aber auch seine Auseinandersetzung mit Sterben und Tod in Familie und Freundeskreis. In den sogenannten Sterberäumen mit der von Friedrich Wilhelm Wanderer entworfenen historistischen Ausstattung befindet sich das wichtigste Exponat: das Bahrtuch, das 1546 Luthers Sarg bedeckte (Foto vorige Seite).

Petri-Pauli-Kirche / Zentrum Taufe

Petrikirchplatz, 06295 Lutherstadt Eisleben
Tel. 03475 7118022
E-Mail: zentrum-taufe@kirchenkreis-eisleben-soemmerda.de
www.zentrum-taufe-eisleben.de

Luther wurde am 11. November 1483 in dem kleineren Vorgängerbau der 1486–1513 als spätgotische Hallenkirche neu erbauten Petri-Pauli-Kirche getauft. Der mächtige Turm stand zu dieser Zeit schon. 2011/12 wurde die Kirche saniert und als „Zentrum Taufe" umgestaltet, das einlädt, sich mit Fragen und Aspekten der Taufe zu beschäftigen. Neben alte Kunstwerke wie den Annenaltar, das Kruzifix und den schlichten rekonstruierten Taufstein Luthers tritt ein modernes Ganzkörpertaufbecken, das in den Boden der Kirche eingelassen ist.

Andreaskirche

Andreaskirchplatz, 06295 Lutherstadt Eisleben
Tel. 03475 602229
www.kirche-in-eisleben.de

In der Andreaskirche hielt Luther zwischen dem 31. Januar und dem 14. Februar 1546 seine letzten vier Predigten. Die Kanzel wurde bis vor etwa 100 Jahren nur viermal im Jahr benutzt: an Luthers Geburtstag (10. November), seinem Sterbetag (18. Februar), dem Reformationstag (31. Oktober) und dem Tag der Augsburger Confession (25. Juni). Sonst wurde auf einer zweiten Kanzel gepredigt, die am nächsten Pfeiler errichtet war. Der heutige Bau der 1180 erstmals erwähnten Kirche entstand Ende des 15. Jahrhunderts. In St. Andreas befinden sich die Grablegen der Mansfelder Grafen.

Alte Lutherschule

Andreaskirchplatz 11, 06295 Lutherstadt Eisleben
Tel. 03475 602229
www.kirche-in-eisleben.de
www.altelutherschule.de

Das wohl älteste Gebäude am Andreaskirchplatz, heute Pfarramt, Begegnungsstätte und Bildungszentrum der Evangelischen Kirchengemeinde St. Andreas-Nicolai-Petri, war einst der Pfarrhof von St. Andreas. Nach einem Stadtbrand Anfang des 16. Jahrhunderts wurde es wieder aufgebaut; das spätgotische Eingangsportal stammt noch aus dieser Zeit. Eine Gedenktafel weist darauf hin, dass Luther 1546 kurz vor seinem Tod eine Lateinschule in dem Haus einrichten ließ. Später zog die Schule in das benachbarte Gebäude Andreaskirchplatz 10 (heute Stadtarchiv).

Markt mit Lutherdenkmal

Markt, 06295 Lutherstadt Eisleben

Das von Rudolf Siemering geschaffene Denkmal wurde 1883 zu Luthers 400. Geburtstag auf dem Eisleber Marktplatz aufgestellt, der im Westen durch die Schmalseite des Renaissancerathauses und im Osten durch das Waagegebäude begrenzt wird. In der einen Hand hält der Reformator eine Bibel, in der anderen die päpstliche Bannbulle. Die Sockelreliefs zeigen Luther mit seiner Familie, die Bibelübersetzung 1521 auf der Wartburg, die Disputation mit Johannes Eck 1519 in Leipzig sowie den Sieg der Reformation.

Weitere Sehenswürdigkeiten

St.-Annen-Kirche: Die 1513 von Graf Albrecht gestiftete Kirche des Eisleber Augustiner-Eremiten-Klosters wurde 1523 als erste Kirche des Mansfelder Landes evangelisch. Zusammen mit den Klostergebäuden bildet sie ein eindrucksvolles Ensemble über der Eisleber Neustadt. Zur wertvollen Innenaustattung gehören die in Europa einmalige Steinbilderbibel von 1585 und eine bemalte Kassettendecke der Renaissancezeit. (Annenkirchplatz 2, 06295 Lutherstadt Eisleben, Tel. 03475 604115, E-Mail: st.annen-eisleben@freenet.de, www.kirche-eisleben-stannen.de)

Alte Bergschule: Das Gebäude des 1229 von den Mansfelder Grafen gestifteten Hospitals für dienstunfähige Bergleute, das sogenannte Katharinenstift, beherbergte die 1798 gegründete Eisleber Bergschule, in der die bergmännischen Leitungskräfte ihre Ausbildung erhielten. Sie existierte an wechselnden Standorten bis 1993. In dem Gebäude ist heute ein Teil der Stadtverwaltung untergebracht, im Hof kann man regionale und Naturkostspezialitäten genießen. (Sangerhäuser Straße 12, 06295 Lutherstadt Eisleben)

Touristinformation Lutherstadt Eisleben
Hallesche Straße 4–6,
06295 Lutherstadt Eisleben
Tel. 03475 602124
E-Mail: info@lutherstaedte-eisleben-mansfeld.de
www.lutherstaedte-eisleben-mansfeld.de

Erfurt

Die heutige Landeshauptstadt Thüringens wurde 742 im Kontext der Gründung von Bonifatius' „Bistum in Erphesfurt", das kurze Zeit später Mainz einverleibt wurde, erstmals erwähnt. 1120 erhielt Erfurt Stadtrecht. Seinen ernormen Aufstieg im Mittelalter bezeugen die noch heute erhaltenen zahlreichen Kirchenbauten. Die 1392 eröffnete und bis 1816 bestehende, 1994 neu gegründete Erfurter Universität gehörte seit dem Mittelalter zu den größten Universitäten Europas. Vor allem im 15. und 16. Jahrhundert beeinflusste sie die Geistesgeschichte durch den in Erfurt bestehenden Humanistenkreis.

Martin Luther und Erfurt

Wie von seinem Vater gewünscht, begann Martin Luther im April 1501 an der Erfurter Artistenfakultät eine Art Vorbereitungsstudium für die spätere Aufnahme in die medizinische, juristische oder theologische Fakultät. Luther wohnte wie alle Studenten in einer Burse, vermutlich in der Georgenburse nahe des Augustinerklosters. Er war ein sehr erfolgreicher Student, legte 1502 die Prüfung zum Bakkalaureus artium ab und bestand drei Jahre später sein Magisterexamen. Sein Ziel war die Juristerei. Doch auf dem Rückweg von einem Besuch bei seinen Eltern in Mansfeld geriet Luther bei Stotternheim nahe

Erfurt in ein heftiges Gewitter. In Todesangst soll er gerufen haben: „Hilf du, Sankt Anna, ich will ein Mönch werden." Dieses Gelübde löste er ein und trat im Juli 1505 in das „Schwarze Kloster" ein. Im Erfurter Dom wurde der Mönch am 4. April 1507 zum Priester geweiht. Seine erste Messe las er in der Klosterkirche. Der Priesterweihe schloss sich ein Theologiestudium an, das ihn zeitweise auch nach Wittenberg führte. Von Erfurt aus trat Luther im Winter 1510/11 seine Reise nach Rom an, die für ihn zu einer ernüchternden Erfahrung wurde. Sein Leben lang hatte der Reformator eine enge Beziehung zu Erfurt und besuchte die Stadt mehrfach wieder.

Evangelisches Augustinerkloster zu Erfurt

Augustinerstraße 10, 99111 Erfurt
Tel. 0361 57660-0
E-Mail: info@augustinerkloster.de
www.augustinerkloster.de

Martin Luther lebte von 1505 bis 1511 als Mönch im Erfurter Augustinerkloster, in der ab 1277 erbauten Klosterkirche las er am 2. Mai 1507 seine erste Messe. Die 2002 eröffnete Dauerausstellung „Bibel-Kloster-Luther" im ehemaligen Schlafsaal der Mönche präsentiert die Geschichte der Bibel, das Leben eines Augustiner-Eremiten-Mönchs sowie die Stationen Luthers in Erfurt. Ein Teil der Ausstellung ist die rekonstruierte Lutherzelle. Der in der ersten Hälfte des 14. Jahrhunderts gebaute Kapitelsaal ist einer der ästhe-

tisch beeindruckendsten Räume des Klosters (Foto oben). Nach der Reformation wurde die Kirche von der Johannisgemeinde genutzt, die Klosteranlage als Waisenhaus, Ratsgymnasium, Bibliothek und Martinsstift. Die 1945 teilweise zerstörten Gebäude wurden wiederhergestellt, zuletzt 2010 die Bibliothek. Heute ist das Kloster Veranstaltungs- und Tagungszentrum der Evangelischen Kirche in Mitteldeutschland.

Georgenburse

Augustinerstraße 27, 99084 Erfurt
Kontakt über Ev. Augustinerkloster zu Erfurt
www.augustinerkloster.de/georgenburse.html

Bis Mitte des 16. Jahrhunderts diente der Renaissancebau als Unterkunft für Studenten der Universität. Martin Luther lebte dort vermutlich als Student zwischen 1501 und 1505, bevor er kurz nach dem Magisterexamen als Mönch ins Kloster ging. Seit 2010 ist die Georgenburse als Museum und Pilgerstätte geöffnet.

Alte Universität / Collegium maius

Michaelisstraße 39, 99084 Erfurt
www.erfurt-web.de/Collegium_maius_Erfurt

Das Collegium maius (Foto unten, links) war das Hauptgebäude der Alten Universität zu Erfurt, deren wohl berühmtester Student Martin Luther war. Es steht direkt gegenüber der Micheliskirche im ehemaligen lateinischen Viertel. Das 1945 zerstörte Gebäude ist heute vollständig rekonstruiert und Verwaltungssitz der Evangelischen Kirche in Mitteldeutschland.

Michaeliskirche

Allerheiligenstraße 9, 99084 Erfurt
www.freundeskreis-michaelis.de

Die Ende des 13. Jahrhunderts errichtete Universitätskirche St. Michaelis (rechts im Foto) war Ort zwei wichtiger Reden Luthers. Am 21. und 22.

Oktober 1522 predigte er in der Dreifaltigkeitskapelle und kündigte den scholastischen Theologen der Universität an, ihnen werde das Evangelium „in die Wolle greifen". Heute wird die Kirche auch wieder als Universitätskirche genutzt.

Dom St. Marien und Severikirche

Domstufen 1, 99084 Erfurt
Tel. 0361 6461265
E-Mail: dominformation@domberg-erfurt.de
www.erfurt-tourismus.de

Im Erfurter Dom empfing Luther am 4. April 1507 die Priesterweihe. Der mit Kunstwerken reich ausgestattete gotische Dom mit hochgotischem Chor und romanischem Turmbereich ist Nachfolgebau der 742 von Bonifatius veranlassten Bischofskirche. Das Chorgestühl stammt aus den Jahren 1350 bis 1360, der barocke Altar wurde 1697 vollendet. Im mittleren Turm befindet sich die größte freischwingende mittelalterliche Glocke der Welt, die „Gloriosa“. Die direkt benachbarte Severikirche, eine fünfschiffige gotische Halle, war ab dem 12. Jahrhundert Stiftskirche einer Chorherren-Gemeinde und ist zusammen mit dem Dom Wahrzeichen Erfurts.

Barfüßerkirche

Barfüßerstraße 20, 99084 Erfurt
www.barfuesserkirche.de

In der Barfüßerkirche predigte Luther am 11. Oktober 1529. Die 1944 zum großen Teil zerstörte Kirche des ehemaligen Franziskanerklosters zählte zu den Meisterwerken der deutschen Bettelordensarchitektur. Im Lutherjahr 1983 öffnete der rekonstruierte Chor als Ausstellungsort für mittelalterliche Kunst des Angermuseums, ist jedoch wegen Sanierung geschlossen.

Kaufmannskirche mit Lutherdenkmal

Am Anger, 99085 Erfurt
www.evkaufmannsgemeinde.de

Hier predigte Luther am 22. Oktober 1522. An der Südseite der Kaufmannskirche wurde 1883 zum 400. Geburtstag des Reformators ein Lutherdenkmal des Berliner Bildhauers Fritz Schaper aufgestellt.

Andreaskirche

Andreasstraße 14, 99084 Erfurt
Tel. 0361 2115239 (Gemeindebüro)
E-Mail: andreasgemeinde-erfurt@t-online.de
www.andreasgemeinde-erfurt.de

In der hochgotischen Kirche befindet sich das farbig gefasste hölzerne Modell der Bronzegrabplatte Luthers, die 1548 von dem Erfurter Gießer Heinrich Ciegeler d. J. geschaffen wurde. Es ist das älteste bekannte Lutherdenkmal. Die originale Bronzegrabplatte gelangte durch Kriegswirren im 16. Jahrhundert in die Jenaer Michaeliskirche. In der Schlosskirche zu Wittenberg ist ein Abguss von 1892.

Lutherstein

Luthersteinweg, 99195 Erfurt-Stotternheim
www.erfurter-seen.de/rek/p_lutherstein.htm

Vor den Toren Stotternheims, ca. sieben Kilometer nördlich vom Erfurter Zentrum, steht östlich des Luthersees ein rötlicher Granitstein, der daran erinnert, dass Luther hier am 2. Juli 1505 in einem heftigen Gewitter das Gelübde abgelegt haben soll, ins Kloster zu gehen. Der Stein wurde 1917 von einer Erfurter Bürgerin gestiftet. Heute lädt zusätzlich eine neue Grünanlage mit Bänken und Schutzhütte zu einem Besuch ein. (Verkehrsanbindung: Stadtbahn Grubenstraße, Bus Bergfeldstraße)

Weitere Sehenswürdigkeiten

Rathaus: Neugotischer Bau (1870–74), Wandbilder mit Szenen aus Luthers Leben. (Fischmarkt 1, 99084 Erfurt, Tel. 0361 6550, www.erfurt.de)

Krämerbrücke: Längste durchgehend mit Häusern bebaute und bewohnte Brücke Europas, im 12. Jahrhundert erstmals erwähnt (Foto S. 172).

Stadtmuseum „Haus zum Stockfisch“: Ausstellung über die Vorreformationszeit, in Renaissancehaus. (Johannesstraße 169, 99084 Erfurt, Tel. 0361 6555651, www.stadtmuseum-erfurt.de)

Angermuseum: Erfurts Kunstmuseum, mit „Lebensstufen“ von Erich Heckel. (Anger 18, 99084 Erfurt, Tel. 0361 6551640, www.angermuseum.de)

Zitadelle Petersberg: Einzige weitgehend erhaltene barocke Stadtfestung Mitteleuropas. (Petersberg, 99084 Erfurt, www.erfurt-tourismus.de)

Alte Synagoge: Älteste erhaltene Synagoge Europas (um 1100). (Waagegasse 8, 99084 Erfurt, Tel. 0361 6551520, www.juedisches-leben.erfurt.de)

Erfurt Tourismus und Marketing GmbH
Erfurt Tourist Information
Benediktsplatz 1, 99084 Erfurt
Tel. 0361 66400
E-Mail: info@erfurt-tourismus.de
www.erfurt-tourismus.de

Gotha

Die 775 erstmals erwähnte thüringische Stadt war bis 1918 Residenz des Herzogtums Sachsen-Gotha-Altenburg, das sich besonders unter Herzog Ernst I., dem Frommen (1601–1675) als Sachwalter des lutherischen Erbes verstand. Beherrschendes Bauwerk ist Schloss Friedenstein, wo bedeutende Zeugnisse der Reformationszeit verwahrt werden. Am Hauptmarkt mit dem historischen Rathaus (Foto) wohnten berühmte Gäste der Stadt wie Martin Luther und Lucas Cranach d. Ä., dessen Frau aus Gotha stammte; auch zwei seiner Töchter lebten hier.

Martin Luther und Gotha

Luther kam erstmals im Mai 1515 nach Gotha, wo er zum Distriktvikar seines Ordens gewählt wurde und in der Augustinerkirche predigte. Bei einer Visitation im Mai 1516 bescheinigte er dem Augustinerkloster einen „vortrefflichen Zustand". Im April 1521 predigte er auf dem Weg nach Worms unter großer Anteilnahme der Bevölkerung erneut in der Augustinerkirche. 1529 übernachtete er auf der Reise nach und von Marburg bei seinem Freund Friedrich Myconius in Gotha und predigte wieder in der Augustinerkirche. Als er 1537 schwerkrank aus Schmalkalden in die Stadt kam, machte er hier sein Testament und äußerte den Wunsch, in Gotha begraben zu werden. Letztmalig weilte er am 6. Juli 1540 bei Myconius.

Augustinerkirche und -kloster

Jüdenstraße 27, 99867 Gotha
Tel. 03621 302901
E-Mail: herberge@augustinerkloster-gotha.de
www.augustinerkloster-gotha.de

Das erste Augustinerkloster Thüringens, heute ein evangelisches Begegnungszentrum, wurde 1258 gegründet. Ab 1366 entstanden der Kreuzgang (Foto) und die 1680 frühbarock umgebaute Kirche, in der eine Tafel links der Eingangstür an Luthers Aufenthalte erinnert. Der ehemalige Franziskanermönch Friedrich Myconius (1490–1546), der 1524 auf Luthers Empfehlung als erster evangelischer Pfarrer und Superintendent nach Gotha berufen wurde, gründete im Augustinerkloster ein Gymnasium und leitete Reformen des Kirchen- und Schulwesens in Thüringen ein. Sein Grabstein ist an der Wand rechts vom Altar der Augustinerkirche eingelassen.

Wohnhaus des Myconius

Myconiusplatz 2, 99867 Gotha

Der mit Luther befreundete Gothaer Superintendent Friedrich Myconius wohnte in einem direkt an die Augustinerkirche angebauten Haus von 1317. Es ist das älteste erhaltene Wohnhaus Gothas. Dort übernachtete auch Luther bei seinen Besuchen.

Haus „Zur Löwenburg" („Lutherhaus")

Hauptmarkt 42, 99867 Gotha

Auf dem Rückweg von Schmalkalden weilte Martin Luther vom 27. Februar bis zum 4. März 1537 krank im Haus des Amtsschössers Johann Lebe, der „Löwenburg", wo er sein Testament diktierte und Gotha als Begräbnisort bestimmte.

„Cranach-Haus"

Hauptmarkt 17, 99867 Gotha

Im Vorgängerbau dieses nach 1632 errichteten Hauses mit dem Cranach-Wappen wohnte die Familie von Lucas Cranachs d. Ä. Frau Barbara, geb. Brengebier, später seine Tochter Ursula mit ihrem Mann, dem Gothaer Bürgermeister Georg Dasch. Auch Lucas Cranach d. Ä. selbst besaß nachweislich ein Haus in Gotha, wohnte aber nicht dort.

Stadtkirche St. Margarethen

Neumarkt 1, 99867 Gotha
Tel. 03621 852466
E-Mail: kontakt@kirchengemeinde-gotha.de
www.kirchengemeinde-gotha.de

Das 1064 erstmals erwähnte Gotteshaus wurde 1494–1543 als spätgotische Hallenkirche mit Westturm neu erbaut. Die Predigt des Evangeliums durch Johann Langenhan 1522 gilt als Beginn der Reformation in Gotha. Bis 1652 wurde die Kirche unter Herzog Ernst dem Frommen, der unter dem Altarraum beigesetzt ist, erneuert und später mehrmals restauriert und umgebaut. Figuren von Luther und Melanchthon (1904) rahmen das gotische Brautportal.

Schloss Friedenstein

Stiftung Schloss Friedenstein Gotha
Schlossplatz 1, 99867 Gotha
Tel. 03621 82340
E-Mail: service@stiftungfriedenstein.de
www.stiftungfriedenstein.de

Die 1643–54 von Herzog Ernst dem Frommen erbaute größte frühbarocke Schlossanlage Deutschlands ist ein Erinnerungsort der Reformation. Das Kupferstichkabinett verwahrt die herzogliche Einblattdruck- und Flugblattsammlung. Die Forschungsbibliothek Gotha (Tel. 0361 7375540, bibliothek.gotha@uni-erfurt.de, www.

Von der Freyheyt eynß Christen menschen. Martinus Luther. Vuittembergae. Anno Domini 1520.

uni-erfurt.de/bibliothek/fb) besitzt Autografen Luthers, Melanchthons und Calvins sowie alte Drucke wie ein zum UNESCO-Weltdokumentenerbe zählendes Exemplar von Luthers „Von der Freiheit eines Christenmenschen“. Im Herzoglichen Museum sind Gemälde beider Cranachs sowie der „Gothaer Tafelaltar“ zu sehen, ein monumentales Bilderbuch der Reformationszeit mit Heiligen ohne Heiligenschein und Teufelsgestalten in Mönchskutten. Darüber hinaus laden Schlossmuseum, Historisches Museum, Museum der Natur und Ekhof-Theater ins „Barocke Universum Gotha“ ein. Um das Schloss erstreckt sich eine englische Parklandschaft.

Weitere Sehenswürdigkeiten siehe:

Tourist-Information Gotha/Gothaer Land
Hauptmarkt 33
99867 Gotha
Tel. 03621 510450
E-Mail: tourist-info@kultourstadt.de
www.kultourstadt.de

Grimma

Die südöstlich Leipzigs im Muldetal gelegene Stadt wurde um 1170 von Markgraf Otto dem Reichen gegründet. Im Schloss residierten die Markgrafen von Meißen und die sächsischen Kurfürsten, im Bereich der Unterstadt errichteten Augustiner-Eremiten ihr Kloster. Das Bauensemble von Klosterkirche und Fürsten- und Landesschule, die 1550 in die Klosteranlage zog (berühmtester Schüler: Paul Gerhardt), prägt bis heute das Stadtbild, ebenso die doppeltürmige Frauenkirche aus dem 12. Jahrhundert (Foto), das Renaissancerathaus und die barocke Mulde- Brücke. Grimmas Altstadt wurde nach den verheerenden Fluten 2002 und 2013 aufwendig restauriert.

Martin Luther und Grimma

Der Reformator war etwa zehnmal in Grimma zu Gast – vorwiegend auf Durchreisen. Durch seine Predigten in der Klosterkirche St. Augustin beeinflusste er die Stadt stark. Schon 1519 begannen die Bürger, sich der Reformation anzuschließen, 1522 verließen die ersten Mönche das Augustinerkloster. Die reformatorischen Einstellungen verbreiteten sich bis in das nahe gelegene Frauenkloster Marienthron in Nimbschen, wo 1523 mehrere Nonnen aus dem Kloster flohen. Eine von ihnen war Luthers spätere Ehefrau Katharina von Bora.

Klosterkirche St. Augustin

Klosterstraße 1, 04668 Grimma
Kontakt über Stadtinformation
www.grimma.de

Der 1435 nach einem Brand neu errichtete Saalbau hat eine Mauerstärke von fast 1,5 Metern, eine Länge von 54, eine Höhe von 19 und eine Breite von 12 Metern. Wegen der Schwierigkeit, diesen riesigen Raum mit der Stimme zu erfüllen, nannte Luther die Kirche einen „Brustbrecher“. Bis zur Reformation diente sie dem Orden der Augustiner-Eremiten, dann als Kirche der Fürsten- und Landesschule zu Grimma. In der DDR-Zeit fast verfallen, wird das Gebäude heute als Kunst-, Kultur- und Musikstätte genutzt.

Klosterruine Nimbschen

Nimbschener Landstraße 1,
04668 Grimma, OT Nimbschen
www.grimma.de

Im Zisterzienserkloster Marienthron in Nimbschen lebte Luthers spätere Ehefrau Katharina von Bora (1499–1552), bis sie in der Osternacht 1523 mit weiteren Nonnen floh. Von der Anlage sind Grundmauern des östlichen Klausurgebäudes, ein Brunnen, die Klostermauer am Wald und Reste des Mühlgrabens erhalten. Eine Neugestaltung macht Gebäude wie Kirche und südliche Klausurgebäude als Markierung sichtbar.

Weitere Sehenswürdigkeiten

Kreismuseum Grimma: Nach der Reformation gründete Magdalena von Staupitz, eine der Nonnen, die 1523 aus Kloster Nimbschen flohen, die erste Mädchenschule der Stadt in diesem Gebäude, das seit Anfang des 20. Jahrhunderts als Museum dient. (Paul-Gerhardt-Straße 43, 04668 Grimma, Tel. 03437 911132, E-Mail: mail@museum-grimma.de, www.museum-grimma.de)

Göschenhaus und Seume-Haus: Georg Joachim Göschen (1752–1828), Verleger Lessings, Goethes und Schillers, empfing in seinem Sommersitz – heute Deutschlands einziges Verlegermuseum – Größen der klassischen Literatur (Göschenhaus, Schillerstraße 25, 04683 Grimma-Hohnstädt, Tel. 03437 911118). Im ältesten Renaissancehaus am Markt (unteres Foto, zweites Haus von links) betrieb er seine Druckerei, wo der Dichter Johann Gottfried Seume (1763–1810) als Korrektor arbeitete. Heute gibt es hier Ausstellungen und Lesungen, Kinder lernen, wie einst Bücher entstanden sind, und können selbst setzen und drucken (Seume-Haus, Markt 11, 04668 Grimma, Tel. 03437 702171; für beide Häuser: E-Mail: seumearethusa@web.de, www.goeschenhaus.de).

Kulturbetrieb – Stadtinformation
Markt 3, 04668 Grimma
Tel. 03437 9858285
E-Mail: stadtinformation@grimma.de
www.grimma.de

Halle (Saale)

Hinsichtlich der kirchenpolitischen Folgen von Luthers Wirken ist auch das über 1200 Jahre Halle an der Saale eine „Wiege der Reformation“. Hier residierte fast 30 Jahre Luthers größter Gegenspieler Kardinal Albrecht (1490–1545, links ein Porträt von Lucas Cranach d. Ä.), Erzbischof von Magdeburg und Mainz, der ranghöchste kirchliche Würdenträger im Heiligen Römischen Reich Deutscher Nation. Er schätzte Kunst und repräsentative Bauten, was sich im Domausbau und der Errichtung der Neuen Residenz zu Halle niederschlug. Vor den Toren der Stadt gründete der pietistische Pfarrer und Universitätsprofessor August Hermann Francke 1698 eine Schulstadt, die Franckeschen Stiftungen zu Halle, von denen aus reformatorische Ideen in die ganze Welt gingen und sie maßgeblich veränderten.

Martin Luther und Halle

Kardinal Albrecht finanzierte seine Prunkliebe zum großen Teil aus dem Ablasshandel. Es verwundert daher nicht, dass ihm Luther am 31. Oktober 1517 einen Brief schickte, dem seine berühmten 95 Thesen beilagen. Der Jahrzehnte andauernde Streit zwischen Luther und dem Kardinal erschütterte die römische Kurie in ihren Grundfesten. 1541 musste Albrecht seine Residenzstadt unter dem Druck der Reformationsbewegung verlassen. Luther predigte zwischen 1545 und 1546 dreimal in der Marktkirche von Halle, in der heute seine Totenmaske und ein Abdruck seiner Hände bewahrt werden.

Marktkirche „Unser Lieben Frauen“ mit Marienbibliothek

An der Marienkirche 2, 06108 Halle (Saale)
Tel. 0345 5170894
E-Mail: marktkirche.halle@web.de
www.marktkirche-halle.de

Die Marktkirche wurde im 16. Jahrhundert als spätgotische Hallenkirche zwischen den Turmpaaren der einstigen Gertruden- und der Marienkirche gebaut. 1541 führte hier Justus Jonas die Reformation ein. Martin Luther predigte am 5. August 1545 sowie am 6. und 26. Januar 1546 in der Kirche. Nach seinem Tod am 18. Februar 1546 in Eisleben wurde sein Leichnam bei der Überführung nach Wittenberg für eine Nacht in Halle aufgebahrt. Die Totenmaske und ein Abdruck der Hände, die in einer Krypta der Marktkirche zu sehen sind, wurden ihm hier abgenommen. Im Original erhalten ist auch die Kanzel, von der Luther gepredigt hat.
Zur Marktkirche gehört die älteste und größte evangelische Kirchenbibliothek Deutschlands. Die Marienbibliothek beherbergt verschiedene Lutherbibeln mit Notizen von der Hand des Reformators, wie den ersten vollständigen Druck der Lutherbibel aus dem Jahr 1534 mit Widmung an die evangelische Adlige Felicitas von Selmenitz (1488–1558), deren Büchervermächtnis sich in der Marienbibliothek befindet.

„Goldenes Schlösschen“

Schmeerstraße 2, 06108 Halle (Saale)

An dem 1471 errichteten Haus nahe dem Markt mit dem spätgotischen Eingangsportal erinnert eine Gedenktafel daran, dass Luther hier 1545 bei seinem Weggefährten Justus Jonas (1493–1555) zu Gast war.

Weitere Sehenswürdigkeiten

Dom und Neue Residenz: Die um 1300 erbaute Klosterkirche der Dominikaner wurde von Kardinal Albrecht ab 1520 zur Stiftskirche seiner Residenz ausgebaut. Seit der Reformation diente der Dom den jeweiligen Landesherren als Hof- und Schlosskirche. Im Zuge dessen wurde die Renaissance-Ausstattung mit frühbarocken Elementen ergänzt. Seit 1688 nutzt die reformierte Gemeinde den Dom für ihre Gottesdienste. Daneben befindet sich die 1531–1539 im Stil der Renaissance erbaute, ursprünglich von Kardinal Albrecht als katholische Universität konzipierte Neue Residenz. (Domstraße 3, 06108 Halle (Saale), Tel. 0345 2021379, E-Mail: kontakt@dom-halle.de, www.dom-halle.de)

Franckesche Stiftungen zu Halle: Die 1698 von August Hermann Francke (1663–1721) gegründeten Kultur-, Bildungs- und Wissenschaftseinrichtungen griffen die pädagogischen Impulse der Reformation auf und verbreiteten den Halleschen Pietismus weltweit. Das baulich einmalige Ensemble mit dem historischen Waisenhaus als Herzstück, in dessen Mansarde sich die barocke Kunst- und Naturalienkammer befindet (ältester bürgerlicher Museumsraum in Deutschland), beherbergt derzeit rund 50 Einrichtungen, die mit den Ideen und dem Werk Franckes in Beziehung stehen. (Franckeplatz 1, Haus 37, 06110 Halle (Saale), Tel. 0345 2127400, E-Mail: oeffentlichkeit@francke-halle.de, www.francke-halle.de)

Stiftung Moritzburg: Den Grundstein der Moritzburg legte 1484 Erzbischof Ernst von Sachsen. Unter Kardinal Albrecht Ausstattung durch Cranach, Grünewald und Dürer. Das Kunstmuseum Sachsen-Anhalts präsentiert hier Kunst des 20. Jahrhunderts und der Gegenwart, darunter eine „Brücke"-Sammlung und Gemälde aus Lyonel Feiningers Halle-Zyklus. (Friedemann-Bach-Platz 5, 06108 Halle (Saale), Tel. 0345 212590, www.kunstmuseum-moritzburg.de)

Händelhaus: Georg Friedrich Händel (1685–1759) wurde in diesem Haus geboren und erlernte in seiner Heimatstadt das Orgelspiel, bevor er 1703 in die Welt hinauszog. Dauer- und Sonderausstellungen zum Komponisten des „Messias". (Große Nikolaistraße 5, 06108 Halle (Saale), Tel. 0345 500-900 oder -221, www.haendelhaus.de)

Landesmuseum für Vorgeschichte: Heimstatt der Himmelsscheibe von Nebra (Foto), eine der bedeutendsten archäologischen Sammlungen in Deutschland. (Richard-Wagner-Straße 9, 06114 Halle (Saale), Tel. 0345 5247-30, www.lda-lsa.de, www.himmelswege.de)

Tourist-Information
Stadtmarketing Halle (Saale) GmbH
Marktplatz 13 / Marktschlösschen
06108 Halle (Saale)
Tel. 0345 122790
E-Mail: touristinfo@stadtmarketing-halle.de
www.stadtmarketing-halle.de

Heidelberg

Mit der Universitätsgründung im Jahr 1386 begann die Blütezeit der 1196 erstmals erwähnten kurpfälzischen Hauptstadt. 1689 und 1693 wurden Stadt und Schloss durch die Franzosen zerstört, die Stadt danach barock wieder aufgebaut. Im 19. Jahrhundert entwickelte sich Heidelberg zum Anziehungspunkt der Romantiker. Die majestätisch über den Dächern der Altstadt thronende Schlossruine ist noch heute das bekannteste Reiseziel in Deutschland. Heidelberg und die Pfalz waren mit Unterbrechungen bis 1685 calvinistisch-reformiert, wurden dann katholisch und kamen 1803 ans lutherische Baden. Wenige Jahre später beendeten Kirchenunionen die Differenzen zwischen den reformatorischen Richtungen. Den Auftakt zur pfälzischen Reformation aber bildete eine Disputation Martin Luthers.

Martin Luther und Heidelberg

1518 reiste Luther zum Generalkapitel des Augustinerordens nach Heidelberg, um eine Disputation, ein wissenschaftliches Streitgespräch, zu leiten. Da Pfalzgraf Wolfgang in Wittenberg studiert hatte, wurde Luther auch aufs Schloss geladen. Er wohnte im nicht erhaltenen Augustinerkloster (die Übernachtung im Neuenheimer Mönchshof des Klosters Schönau an der heutigen Lutherstraße ist Legende). Das Generalkapitel fand in einem Universitätshörsaal statt. Die Disputation vom 26. April 1518 war Luthers erster theologischer Auftritt außerhalb Wittenbergs nach der Thesenveröffentlichung von 1517. Im Mittelpunkt stand seine Rechtfertigungs- und Gnadenlehre. Viele Zuhörer waren angehende Theologen, die später zu Reformatoren südwestdeutscher Städte wurden.

Luthertafel auf dem Universitätsplatz

Als Erinnerung an die Heidelberger Disputation 1518 wurde im Lutherjahr 1983 auf dem einstigen Standort des 1279 erstmals erwähnten Augustinerklosters, dem heutigen Universitätsplatz, eine Luthertafel im Boden eingelassen.

Alte Universität

Grabengasse 1, 69117 Heidelberg
Tel. 06221 542152 (Universitätsmuseum)
www.uni-heidelberg.de

Die 1386 gegründete Heidelberger Ruprecht-Karls-Universität hat heute rund 30 000 Studenten. 1518 bot sie Martin Luther mit der Heidelberger Disputation ein Forum, um seine Ideen öffentlich zu vertreten und gegen Kritiker zu verteidigen. Neben den Ordensmitgliedern nahmen auch Universitätsangehörige teil. In der Folgezeit erwarb sich die Universität einen besonderen Ruf als Hochburg des Calvinismus. 1563 entstand hier das grundlegende Bekenntnisbuch der reformierten Kirche, der „Heidelberger Katechismus“. Das Universitätsmuseum in der Alten Universität (1712) zeigt die Geschichte der Hochschule. Die Alte Aula von 1886 kann nach telefonischer Anmeldung besichtigt werden. Im Studentenkarzer Augustinergasse 2 wurden Studenten für „Kavaliersdelikte“ wie heftige Mensuren und Ruhestörungen bestraft.

Heidelberger Schloss

Schlosshof 1, 69117 Heidelberg
Tel. 06221 658880
E-Mail: info@schloss-heidelberg.de
www.schloss-heidelberg.de

Die malerische Ruine des 1689/93 durch französische Truppen und 1764 durch Blitzschlag erneut zerstörten Heidelberger Schlosses zieht im Jahr rund eine Million Touristen an. Jahrhundertelang residierten hier die Kurfürsten von der Pfalz. Als Luther 1518 auf dem Schloss weilte, war gerade der „Frauenzimmerbau“ aus der Zeit um 1515 fertig. Im Erdgeschoss befindet sich der „Königssaal“ genannte große Festsaal. Seit Ende des 16. Jahrhunderts floss Wein über eine Leitung direkt aus dem Großen Fass im nebenan gelegenen Fassbau. Vom 1556–59 errichteten Ottheinrichsbau, einem der ersten Renaissancepaläste Deutschlands, sind prächtige Skulpturen an der Fassade und Teile der Innenausstattung erhalten. Im Untergeschoss befindet sich das Deutsche Apothekenmuseum.

Heiliggeistkirche

Hauptstraße 189, 69117 Heidelberg
Tel. 06221 21117
E-Mail: Altstadtgemeinde.Heidelberg@kbz.ekiba.de
www.ekihd.de

Die 1398 bis 1515 als Grablege der Kurfürsten und repräsentatives Gotteshaus der kurpfälzischen Residenzstadt errichtete Kirche mit dem stadtbildprägenden Turm wechselte mehrfach zwischen lutherischer und reformiert-calvinistischer Konfession. 1623 wurde die in der Kirche befindliche Biblioteca Palatina als Kriegsbeute nach Rom in den Vatikan gebracht, wo sie zum größten Teil bis heute verblieb. Von 1706 bis 1936 war die Kirche durch eine Scheidemauer in zwei Teile geteilt (Langhaus protestantisch, Chor katholisch). Seit 1936 gehört sie zur Evangelischen Landeskirche in Baden.

Providenzkirche

Hauptstraße 90 a, 69117 Heidelberg
(Kontaktdaten wie Heiliggeistkirche)

1659–61 durften die Lutheraner im reformierten Heidelberg in der Vorstadt auf eigene Kosten eine Kirche bauen. Providenz bedeutet „Gott wird sorgen" (nach 1. Mose 22,8). Nach 1693 wurde die einschiffige Saalkirche wieder aufgebaut und erhielt einen Turm. Ende des 19. Jahrhunderts Umbau im Stil der Neorenaissance.

Weitere Sehenswürdigkeiten

Alte Brücke: Aus Neckartäler Sandstein von Kurfürst Karl Theodor im 18. Jahrhundert erbaut, verbindet sie die Altstadt mit dem Neckarufer am östlichen Ende des Stadtteils Neuenheim. Die Vorgängerinnen waren aus Holz.

Philosophenweg: Einst wandelten hier Gelehrte in steifen Gehröcken und lockerten ihre Gedanken beim Spaziergang. Der Philosophenweg am Sonnenhang des Heiligenbergs führt auf jeden Fall zu einmaligen Ansichten Heidelbergs.

Kurpfälzisches Museum der Stadt Heidelberg: Das 1908 eröffnete Museum beherbergt die kunst- und kulturhistorischen Sammlungen der Stadt Heidelberg und veranstaltet große Sonderausstellungen, unter anderem zur Reformationsgeschichte. (Hauptstraße 97, 69117 Heidelberg, Tel. 06221 5834020, www.museum-heidelberg.de)

Tourist Information
Willy-Brandt-Platz 1 (am Hauptbahnhof), 69115 Heidelberg, sowie Obere Neckarstraße 31–33 (am Neckarmünzplatz), 69117 Heidelberg
Tel. 06221 5844444
E-Mail: touristinfo@heidelberg-marketing.de
www.heidelberg-marketing.de

Leipzig

Die Stadt an der Kreuzung zweier wichtiger Handelswege wurde im Jahr 1015 erstmals urkundlich erwähnt. Im 15. und 16. Jahrhundert stieg Leipzig zu einem der beachtlichsten deutschen Handelsplätze auf. Die Messestadt hat eine der ältesten deutschen Universitäten (gegründet 1409) und ist als historisches Zentrum des Buchdrucks und -handels sowie als Wirkungsstätte Johann Sebastian Bachs bekannt. Die Leipziger Montagsdemonstrationen im Herbst 1989 trugen entscheidend zur Wende in der DDR bei.

Martin Luther und Leipzig

Leipzig hatte für die Reformation große Bedeutung, denn von der berühmten Buch- und Verlagsstadt aus wurden Luthers Schriften und zahlreiche evangelische Gesangbücher in hoher Auflage verbreitet. Insgesamt 17 Aufenthalte Luthers in Leipzig sind verbürgt, der wichtigste Leipzig-Besuch fand im Sommer 1519 statt, als Luther seine theologischen und kirchenpolitischen Ansichten im Streitgespräch auf der Pleißenburg darlegte. Der Landesherr, der albertinische Herzog von Sachsen Georg der Bärtige, war von der Kirchenkritik ganz und gar nicht erbaut, sodass Luther fortan in Leipzig nicht mehr predigen durfte. Dieses „Predigtverbot" bestand bis 1539, als auch in Leipzig die Reformation eingeführt wurde. In diesem Jahr stand Luther in der Messestadt gleich zweimal auf der Kanzel: zu Pfingsten in der Schlosskapelle und in der

Thomaskirche. Am 12. August 1545 hielt er in der Paulinerkirche seine letzte Leipziger Predigt. Dieses bedeutende gotische Baudenkmal, in dem sich auch das Grab des Ablasshändlers Johannes Tetzel befand, ließ die SED im Mai 1968 aus ideologischen Gründen sprengen.
Wenn Luther Leipzig besuchte, war er häufig bei dem Buchdrucker Melchior Lotter in dessen Haus an der Hainstraße 16/18 zu Gast. Hier wohnte er auch während der Leipziger Disputation 1519. An der Fassade des späteren Hôtel de Pologne erinnert eine Gedenktafel an den Aufenthalt des Reformators.

Neues Rathaus (ehem. Pleißenburg)

Martin-Luther-Ring 4–6, 04109 Leipzig
www.leipzig.de

Das imposante Gebäude mit dem runden Turm (114 Meter, höchster in Leipzig) wurde 1899–1905 auf den Grundmauern der alten Pleißenburg errichtet, wo 1519 die Leipziger Disputation stattfand. In der zur Pleißenburg gehörenden Schlosskirche hielt Martin Luther Pfingstsamstag 1539 die erste evangelische Predigt in Sachsen.

Thomaskirche

Thomaskirchhof 18, 04109 Leipzig
Tel. 0341 222240
E-Mail: info@thomaskirche.org
www.thomaskirche.org

In der auf das 12. Jahrhundert zurückgehenden, im 15. Jahrhundert spätgotisch umgebauten Kirche fand am 24. Juni 1519 der Festgottesdienst zu

Beginn der Leipziger Disputation statt. Mit seiner Pfingstpredigt am 25. Mai 1539 führte Martin Luther die Reformation in Leipzig ein. In der Kirche erinnern daran eine Bronzetafel und ein farbiges Glasfenster aus der Zeit der neugotischen Umgestaltung 1872–1889. Von 1723 bis 1750 war Johann Sebastian Bach Thomaskantor. Seine Grabstätte befindet sich im Chor der Kirche.

Hôtel de Pologne (Haus Melchior Lotters)

Hainstraße 16/18, 04109 Leipzig
www.leipzigentdecken.de/tag/melchior-lotter

Eine Gedenktafel erinnert daran, dass Luther und Melanchthon hier während der Leipziger Disputation 1519 bei dem Drucker Melchior Lotter d. Ä. (um 1470–1549) Quartier nahmen, der im Vorgängerbau des 1847 errichteten Gebäudes eine Herberge mit Weinschank betrieb. Melchior Lotter gab mehr als 160 Luther-Schriften heraus. Sein Sohn leitete die 1519 gegründete Zweigniederlassung der Druckerei in Wittenberg.

Thüringer Hof

Burgstraße 19, 04109 Leipzig
Tel. 0341 9944999
www.thueringer-hof.de

Traditionelles Gasthaus, in dem schon Martin Luther bei seinen Leipzig-Besuchen sein Bier genoss.

Auerbachs Keller

Mädler Passage
Grimmaische Straße 2–4, 04109 Leipzig
Tel. 0341 216100
E-Mail: info@auerbachs-keller-leipzig.de
www.auerbachs-keller-leipzig.de

In dem durch Goethes „Faust" bekannten, seit 1525 bestehenden Lokal soll dessen Gründer, der Arzt und Universitätsprofessor Heinrich Stromer von Auerbach (1482–1542), dem berühmten, aber gefährdeten Reformator bei dessen Leipzig-Besuchen sicheres Quartier geboten haben. In Auerbachs Keller erinnert daran das „Lutherzimmer" mit Volker Pohlenz' Gemälde „Das geheime Treffen" (Foto).

Paulinum (Universitätskirche St. Pauli)

Augustusplatz, 04109 Leipzig

Zur Weihe der Universitätskirche St. Pauli als evangelische Kirche war Luther im August 1545 letztmalig in Leipzig. Das Gotteshaus wurde 1968 auf Veranlassung der DDR-Führung gesprengt. Heute erinnert der moderne Universitätscampus „Paulinum" an die Paulinerkirche.

Stadtgeschichtliches Museum (Altes Rathaus)

Markt 1, 04109 Leipzig
Tel. 0341 9651320
E-Mail: stadtmuseum@leipzig.de
www.stadtmuseum-leipzig.de

Zu den schönsten Leipziger Bauwerken gehört das Alte Rathaus, das 1556 durch Hieronymus Lotter errichtet wurde. Dort befindet sich heute das Stadtgeschichtliche Museum, in dem neben frühen Lutherdrucken unter anderem auch der berühmte Lutherbecher aufbewahrt wird. Gesandte des schwedischen Königs hatten dem Reformator diesen 1536 gefertigten Silberbecher geschenkt, verbunden mit der Bitte, evangelische Lehrer und Prediger nach Schweden zu schicken, um bei der Verbreitung der reformatorischen Lehre zu helfen. Außerdem sind der Trauring und ein Porträt von Luthers Ehefrau Katharina von Bora zu sehen.

Weitere Sehenswürdigkeiten

Museum der bildenden Künste Leipzig: Beherbergt elf Werke von Lucas Cranach d. Ä., darunter das Bildnis Luthers als Junker Jörg (Abb. S. 93). (Katharinenstraße 10, 04109 Leipzig, Tel. 0341 216990, E-Mail: mdbk@leipzig.de, www.mdbk.de)

Nikolaikirche: Im 12. Jahrhundert gegründet, 1784 klassizistisch umgebaut, Ausgangspunkt der Montagsdemonstrationen 1989. Mit „Lutherkanzel" von 1521 in der Nordkapelle, auf der Luther nie gestanden hat. (Nikolaikirchhof, 04109 Leipzig, Tel. 0341 124538-0, www.nikolaikirche.de)

Bach-Museum: Zeigt Leben und Wirken Johann Sebastian Bachs in einer interaktiven Ausstellung. In der „Schatzkammer" werden originale Handschriften präsentiert. (Thomaskirchhof 15/16, 04109 Leipzig, Tel. 0341 9137202, E-Mail: museum @bach-leipzig.de, www.bachmuseumleipzig.de)

Völkerschlachtdenkmal: 91 Meter hoch, 1913 zum 100-jährigen Gedenken der Leipziger „Völkerschlacht" eingeweiht. (Straße des 18. Oktober 100, 04299 Leipzig, Tel. 0341 2416870, www.stadtgeschichtliches-museum-leipzig.de)

Touristinformation
Katharinenstraße 8, 04109 Leipzig
Tel. 0341 7104-260
E-Mail: info@ltm-leipzig.de
www.leipzig.travel.de

Magdeburg

Die heutige Landeshauptstadt von Sachsen-Anhalt wurde 805 erstmals urkundlich erwähnt und erhielt im 12. Jahrhundert Stadtrecht. Sie gehörte zum Hansebund und wurde durch Handel reich. Bereits 968 Sitz eines Erzbischofs, wurde Magdeburg im 16. Jahrhundert Zentrum der Reformation. Als protestantische Bastion wurde es 1631 durch katholische Truppen unter General Tilly belagert und verwüstet, Zehntausende starben. 1945 wurde Magdeburgs Altstadt durch Bombenangriffe zu 90 Prozent zerstört. Von den sieben stadtbildprägenden Doppelturmkirchen wurden vier wieder aufgebaut. Die Domstadt ist sowohl evangelischer als auch katholischer Bischofssitz und gehört zum Verbund Europäische Stätten der Reformation.

Martin Luther und Magdeburg

Mit 13 Jahren besuchte Luther einige Monate die berühmte Schule der „Brüder vom gemeinsamen Leben“ in Magdeburg. Um seinen Lebensunterhalt zu bestreiten, soll er bettelnd und singend durch die Stadt gezogen sein – damals durchaus nicht unüblich. 1516 visitierte Luther als Distriktsvikar des Augustinerordens das Magdeburger Augustinerkloster. Seine Predigten im Juni 1524 in der Johanniskirche und der heutigen Wallonerkirche überzeugten einen Großteil des Rates, der daraufhin der Reformation folgte.

Schon im Juli 1524 wurde die katholische Messe an den meisten Kirchen abgeschafft. Magdeburg wurde eine Hochburg des Protestantismus mit Ausstrahlung weit über die Stadtgrenzen hinaus.

Johanniskirche

Messe- und Veranstaltungsgesellschaft Magdeburg
Tessenowstraße 51, 39104 Magdeburg
Tel. 0391 593450
E-Mail: info@mvgm.de
www.mvgm.de

In der im Jahr 941 erstmals erwähnten ältesten Pfarrkirche Magdeburgs predigte Luther am 26. Juni 1524 über „die wahre und falsche Gerechtigkeit". Aufgrund des starken Eindrucks, den diese Predigt bei den Bürgern hinterließ, wurde die Stadt protestantisch. Zur Erinnerung an die Aufenthalte Luthers in Magdeburg wurde 1886 an der Johanniskirche ein Denkmal von Emil Hundrieser errichtet. In der Gruft an der Nordseite ist der Magdeburger Bürgermeister und „Vater der deutschen Experimentalphysik" Otto von Guericke (1602–1686) bestattet. Nach mehrfacher Zerstörung und Wiederaufbau wird die Kirche heute als Festsaal und Konzerthalle der Stadt Magdeburg genutzt.

Wallonerkirche (St.-Augustini-Kirche)

Neustädter Straße 6, 39104 Magdeburg
Tel. 0391 5434057
E-Mail: bureau@ekmd-reformiert.de
www.ekmd-reformiert.de

Die 1285 von den Mönchen des Augustinerklosters gegründete und als dreischiffige hochgotische Halle errichtete Kirche wurde 1516 und 1524 von Luther besucht. Beim zweiten Aufenthalt trug er durch mehrere Predigten dazu bei, die Reformation in der Stadt in bürgerlich-gemäßigte Bahnen zu lenken. Noch im selben Jahr übergab der letzte Prior des Klosters die Anlage der Stadt Magdeburg. 1690 überschrieb der brandenburgische Kurfürst Friedrich III. die baufällige Kirche der wallonisch-reformierten Gemeinde. Seit dieser Zeit trägt sie ihren heutigen Namen.

Weitere Sehenswürdigkeiten

Dom St. Mauritius und Katharina: Magdeburgs Wahrzeichen, nach Brand des ottonisch-romanischen Vorgängerbaus ab 1207 als Kathedrale des Erzbistums Magdeburg erbaut, 1363 geweiht. Ältestes Bauwerk der Gotik auf deutschem Boden, Grabkirche Kaiser Ottos I. (gest. 973, Grab im Chor, Foto). Seit 1567 protestantisch, Bischofskirche der Evangelischen Kirche in Mitteldeutschland. Von den zahlreichen Kunstschätzen seien genannt: Skulpturen der klugen und törichten Jungfrauen am Nordportal (1240/50), antike Säulen in der Apsis, Skulptur des heiligen Mauritius im Chor (um 1250), Herrscherpaar aus dem 14. Jahrhundert in der Heilig-Grab-Kapelle aus der Zeit um 1250. (Am Dom 1, 39104 Magdeburg, Tel. 0391 5432414, www.magdeburgerdom.de)

Kunstmuseum Kloster Unser Lieben Frauen: Wichtigster Ort für zeitgenössische Kunst und Skulptur in Sachsen-Anhalt, in einer Klosteranlage, die zur „Straße der Romanik" gehört. (Regierungsstraße 4–6, 39104 Magdeburg, Tel. 0391 565020, www.kunstmuseum-magdeburg.de)

Kulturhistorisches Museum: Glanzstück ist der Magdeburger Reiter, das erste lebensgroße rundplastische Reiterstandbild der mittelalterlichen Skulptur, entstanden um 1240. (Otto-von-Guericke-Straße 68–73, 39104 Magdeburg, Tel. 0391 5403501, www.khm-magdeburg.de)

Otto-von-Guericke-Museum: In der Lukasklause, einem Rest der alten Stadtbefestigung, kann man sich über den Naturforscher und Magdeburger Bürgermeister Otto von Guericke informieren. (Schleinufer 1, 39104 Magdeburg, Tel. 0391 56390980, www.uni-magdeburg.de/org/ovgg)

Jahrtausendturm: Deutschlands höchstes Holzgebäude (60 m), erbaut zur Bundesgartenschau 1999. Ausstellung über die Entwicklung der Wissenschaften, mit Foucaultschem Pendel in der Turmspitze. (Tessenowstraße 7, 39114 Magdeburg, Tel. 0391 5934-263, www.mvgm-online.de)

Tourist-Information Magdeburg
Ernst-Reuter-Allee 12, 39104 Magdeburg
Tel. 0391 8380-402
E-Mail: info@magdeburg-tourist.de
www.magdeburg-tourist.de

Mansfeld-Lutherstadt

Die Stadt, in die Luthers Eltern kurz nach seiner Geburt zogen und in der er seine ersten 13 Lebensjahre verbrachte, wurde im Jahr 973 erstmals urkundlich erwähnt. Ende des 12. Jahrhunderts begann der Abbau von Kupfer- und Silbererz, was den Mansfelder Grafen zu großem Reichtum verhalf, der sich durch den Bau der gewaltigen Schlossanlage zeigt. Um 1400 erhielt Mansfeld Stadtrecht. Seit 1996 trägt es den Beinamen „Lutherstadt".

Martin Luther und Mansfeld

In Mansfeld bewohnten die Luthers ein Haus, das bis 1587 in Familienbesitz war und in Teilen noch heute erhalten ist (Museum „Luthers Elternhaus"). Sohn Martin besuchte die örtliche Schule, wo er Lesen, Schreiben, Singen und Latein lernte. Die ersten Kontakte zum kirchlichen Leben hatte er in der spätgotischen Stadtkirche St. Georg. Später riefen die Grafen von Mansfeld den Reformator mehrfach auf ihren Stammsitz, um ihn zu juristischen Problemen zu befragen: Im Oktober und Dezember 1545 sowie im Januar/Februar 1546 kam Luther nach Mansfeld, um zwischen den zerstrittenen Mansfelder Grafen zu vermitteln und die kirchlichen Verhältnisse zu ordnen. Bei seinen Besuchen predigte er auch in der Schlosskapelle, einem der bedeutendsten Sakralbauwerke der Spätgotik zwischen Harz und Elbe.

Von Luthers Verbundenheit mit Mansfeld zeugt nicht zuletzt sein Deckname „Junker Jörg“ (nach dem heiligen Georg, dem Patron der Grafschaft Mansfeld).

Luthers Elternhaus

Lutherstraße 26, 06343 Mansfeld-Lutherstadt
Tel. 034782 90342
E-Mail: elternhaus@martinluther.de
www.martinluther.de

Luthers Vater Hans war in Mansfeld als Hütten- und Bergwerkunternehmer erfolgreich und wurde 1492 Gemeindevertreter. Er besaß ein Anwesen mit großem Wohnhaus, Wirtschaftsgebäuden, Stallungen und Vorratsräumen, die um einen Innenhof gruppiert waren. Erhalten ist ein Drittel des Wohnhauses. Es wurde 1878 vom Mansfelder Lutherhausverein erworben, der darin eine Diakonissenwohnung und eine Luther-Gedenkstätte einrichten ließ. Seit 2007

ist das Haus Eigentum der Stadt Mansfeld, die es gemeinsam mit der Stiftung Luthergedenkstätten in Sachsen-Anhalt saniert, um einen Neubau erweitert und 2014 als Museum neu eröffnet hat. Computeranimationen vergegenwärtigen den historischen Alltag in den alten Gemäuern, eine kleine Ausstellung ist der Lutherrezeption im Mansfelder Land gewidmet. Im Neubau erzählt die Ausstellung „Ich bin ein Mansfeldisch Kind" von der Lebenswelt des jungen Luther. Archäologische Funde zeugen vom Wohlstand der Familie, die sich zum Beispiel teures Fensterglas, wertvolle Gürtelbeschläge, böhmische Weingläser und orientalische Gewürze leisten konnte. Sogar Murmeln, mit denen der Reformator als Kind gespielt haben könnte, wurden gefunden.

Stadtkirche St. Georg

Gemeindebüro: Lutherstraße 7, 06343 Mansfeld-Lutherstadt
Tel. 034782 909929
www.kirchenkreis-eisleben-soemmerda.de

In der 1497–1518 spätgotisch umgebauten, in den Ursprüngen romanischen Stadtkirche St. Georg leistete Luther als Kind Ministrantendienste. Neben einem Auferstehungsgemälde aus der Cranachwerkstatt beherbergt die Kirche das einzige Ganzporträt von Martin Luther. Es entstand 1540 ebenfalls in der Cranachwerkstatt.

Schloss Mansfeld

Schloß 1, 06343 Mansfeld-Lutherstadt
Tel. 034782 20201
E-Mail: info@schloss-mansfeld.de
www.schloss-mansfeld.de

Der Mansfelder Burgberg trägt die Ruinen einer bedeutenden Festung, die Ruinen dreier Schlösser des Mansfelder Grafengeschlechts und die vollständig erhaltene Schlosskirche (rechts im Foto), in der Luther während seiner Besuche bei den Mansfelder Grafen gepredigt hat. In dem 1859–1861 von Freiherr Carl Adolph von der Recke auf den Resten des Schlosses Vorderort in gotisierendem Stil erbauten Wohnhaus befindet sich heute eine christliche Jugendbildungsstätte. Führungen über das Außengelände und in die Schlosskirche finden nach Anmeldung statt.

Lutherdenkmal (Lutherbrunnen)

Das Denkmal am Lutherplatz wurde 1913 von Paul Juckoff errichtet. Der heilige Georg als Krone des dreiseitigen Obelisken erinnert an die Tradition der Stadt Mansfeld. Unterhalb des Heiligen sind Luthers Eltern auf Bronzemedaillons dargestellt. Auf den drei Seitenflächen zeigen große Bronzeplatten wichtige Stationen aus Luthers Leben. Die erste Reliefplatte auf der Vorderseite zeigt ihn als 13-jährigen Jungen, der mit dem Wanderstock – noch einen Fuß in Mansfeld – ins Leben tritt (Foto). Die zweite zeigt Luthers Thesenanschlag in Wittenberg, die dritte seinen Auftritt auf dem Reichstag in Worms.

Luthers Schule / Tourist-Information

Junghuhnstraße 2, 06343 Mansfeld-Lutherstadt
Tel. 034782 90342
E-Mail: stadtinfo@mansfeld.eu /
info@lutherstaedte-eisleben-mansfeld.de
www.mansfeld.eu /
www.lutherstaedte-eisleben-mansfeld.de

Die 1488 von Martin Luther besuchte Stadtschule, wo er unter anderem seine ersten Lateinkenntnisse erhielt, wurde zwar im Dreißigjährigen Krieg zerstört, jedoch an derselben Stelle wieder aufgebaut. Jährlich am ersten Samstag nach Ostern wird in Mansfeld Luthers Einschulung nachgespielt und gefeiert. Das Gebäude beherbergt heute die Tourist-Information.

Marburg

Der Aufstieg Marburgs ist eng mit der Landgräfin Elisabeth von Thüringen (1207–1231) verbunden. Nach dem Tod Elisabeths, die Marburg 1228 als Witwensitz gewählt hatte, wurde die Stadt an der Lahn zu einem europaweit bekannten Pilgerort. Unter Philipp dem Großmütigen entwickelte sich Marburg zum geistigen und religiösen Mittelpunkt Hessens. Er gründete 1527 die erste evangelische Universität. Hier studierten unter anderem die Brüder Grimm. Bis heute prägt das Hochschulleben die Stadt. Neben der Altstadt zählen insbesondere das Landgrafenschloss und die Elisabethkirche zu ihren Attraktionen.

Martin Luther und Marburg

Vom 1. bis zum 4. Oktober 1529 folgten Martin Luther, Huldrych Zwingli, Philipp Melanchthon und weitere Reformatoren der Einladung Philipps des Großmütigen auf das Marburger Schloss, um ihren Streit über das Verständnis des Abendmahls beizulegen. Während Luther an der Lehre von der leiblichen Gegenwart Christi in Brot und Wein festhielt, verstand Zwingli es als symbolische Gedächtnishandlung. Obwohl sich die Reformatoren nicht einigen konnten, gilt das Marburger Religionsgespräch als eine der bedeutendsten Theologenversammlungen der Zeit. Die 14 Marburger Artikel sind das einzige Bekenntnisdokument der Reformation, das Luther und

Zwingli gemeinsam unterzeichnet haben. Entgegen örtlicher Beschilderung (Barfüßerstraße 48, ehemaliger „Gasthof zum Bären“) wurde Luther während seines Aufenthalts nicht in der Stadt selbst, sondern auf dem Schloss beherbergt.

Landgrafenschloss

Museum für Kulturgeschichte
Schloss 1, 35037 Marburg
Tel. 06421 2825871 (Schlosskasse)
E-Mail: museum@verwaltung.uni-marburg.de
www.uni-marburg.de/uni-museum

Die Ursprünge der prunkvollen Anlage liegen im 11. Jahrhundert. Ende des 13. Jahrhunderts verwandelte Landgraf Heinrich I. die vormals thüringische Burg in die Hauptresidenz der Landgrafen von Hessen. Aus jener Zeit stammen die ältesten von außen sichtbaren Gebäudeteile. Sehenswert ist vor allem der gotische Fürstensaal im Obergeschoss (kleines Foto). Dort fand vermutlich das Religionsgespräch von 1529 statt. Im Wilhelmsbau, dem jüngsten Gebäude, ist die kulturgeschichtliche Sammlung des Marburger Universitätsmuseums untergebracht.

Weitere Sehenswürdigkeiten

Elisabethkirche: Das 1283 geweihte Gotteshaus gilt als erste gotische Hallenkirche in Deutschland. Sie war Grabstätte und Pilgerkirche der 1235 heiliggesprochenen Elisabeth von Thüringen. Mit der Reformation wurde die Elisabethkirche evangelisch. 1539 ließ Landgraf Philipp der Großmütige sogar die Gebeine der Heiligen entfernen, um die Pilger zu vertreiben. Nicht abgegeben wurde jedoch der gotische Elisabethschrein, heute wichtigstes Ausstattungsstück der Kirche. (Elisabethstraße 3, 35037 Marburg, Tel. 06421 65573, www.elisabethkirche.de)

Alte Universität und Universitätskirche: Das 1291 gegründete Dominikanerkloster wurde 1527 der Philipps-Universität übereignet, die 1873–91 die „Alte Universität“ errichten ließ, heute Sitz des Fachbereichs Evangelische Theologie. Nachdem die Kirche, eine frühgotische Halle, zunächst als städtischer Kornspeicher genutzt wurden war, ließ Landgraf Wilhelm VI. sie 1653 für den evangelischen Gottesdienst wiederherstellen. Anlässlich des Universitätsjubiläums 1927 wurde das Innere im expressionistischen Stil umgestaltet. (Reitgasse 1, 35037 Marburg, Tel. 06421 23387, www.universitaetskirche.de)

Rathaus und Altstadt: Das historische Rathaus (1512–27, Renaissanceturm mit Uhrgiebel 1581) und die Altstadt mit malerischen Fachwerkhäusern wie dem „Grimmhaus“ Wendelgasse 4 (Foto unten) sind Mittelpunkt des städtischen Lebens. Der Marktplatz war angeblich Schauplatz der Gründung des Landes Hessen 1248. Sophie von Brabant, älteste Tochter der heiligen Elisabeth, soll am Marktbrunnen nach dem Tod des letzten Ludowingers Heinrich Raspe IV. ihren damals vierjährigen Sohn Heinrich zum Landgrafen ausgerufen haben.

Marburg Stadt und Land Tourismus GmbH
Erwin-Piscator-Haus
Biegenstraße 15, 35037 Marburg
Tel. 06421 99120
E-Mail: info@marburg-tourismus.de
www.marburg-tourismus.de

Naumburg

Die Domstadt an der Saale ist in ihrer rund 1000-jährigen Geschichte auch mit der Reformation verknüpft. Naumburg war 1542–47 Sitz des ersten evangelischen Bischofs – ein Meilenstein für den erstarkenden Protestantismus. Von Macht und Reichtum der einstigen Messestadt zeugt die liebevoll restaurierte Altstadt rund um die Stadtkirche St. Wenzel.

Martin Luther und Naumburg

Auf der Reise zum Wormser Reichstag 1521 kam Luther in Begleitung seines Freundes Nikolaus von Amsdorf (1483–1565) erstmals nach Naumburg. Im Januar 1542 nahm er mit Melanchthon, Spalatin und Amsdorf wieder in der Stadt Quartier. In einer der schwierigsten Ratssitzungen der Stadtgeschichte verständigte man sich mit Kurfürst Johann Friedrich von Sachsen, der das Bistum Naumburg konfessionell und politisch seinem Herrschaftsbereich angliedern wollte, auf die Einsetzung Amsdorfs als evangelischer „Gegenbischof". Am 20. Januar 1542 wurde er von Luther im Naumburger Dom (Foto) ordiniert. Sein Amts- und Wohnsitz war das Zeitzer Bischofsschloss, wo Luther ihn mehrmals besuchte, später das Naumburger „Schlösschen" am Markt (heute Tourist-Information). Das „Naumburger Bischofsexperiment" endete mit der Flucht Amsdorfs im Schmalkaldischen Krieg 1546/47.

Naumburger Dom St. Peter und St. Paul

Domplatz 16/17, 06618 Naumburg
Tel. 03445 2301120 oder 2301133
E-Mail: fuehrungen@naumburger-dom.de
www.naumburger-dom.de

Die 1242 geweihte Kathedrale des 1564 aufgelösten Bistums Naumburg, der heute evangelische Dom St. Peter und Paul, ist eines der bedeutendsten Kulturdenkmäler des europäischen Hochmittelalters und Besuchermagnet an der „Straße der Romanik". Weltberühmt sind die Arbeiten des Naumburger Meisters: die Stifterfiguren im Westchor, darunter Uta von Naumburg (Foto), und der Westlettner. Im Domschatzgewölbe befinden sich unter anderem Altarbilder von Lucas Cranach d. Ä. Im Ostchor weihte Luther 1542 Nikolaus von Amsdorf zum Bischof. Seit 1939 erinnert an der Kanzel eine Figur Luthers als „fünfter Evangelist" an diesen Akt.

Häuser Markt 3 und Markt 13

Gedenktafeln erinnern daran, dass Luther auf dem Weg nach Worms am 5. April 1521 in Naumburg im Haus des Bürgermeisters Greßler Markt 3 übernachtet hat (oberes Foto, Mitte), während er bei seinem Aufenthalt anlässlich der Ordination Nikolaus von Amsdorfs vom 18. bis zum 21. Januar 1542 zu Gast im Haus Markt 13 war, das der Witwe des Stadtschreibers Ambrosius Dörffer gehörte (unteres Foto).

Weitere Sehenswürdigkeiten

Stadtkirche St. Wenzel: Spätgotischer Bau 1426, Gemälde aus der Werkstatt Lucas Cranachs d. Ä., Barockausstattung 1724, Orgel von Zacharias Hildebrandt 1746 (von Johann Sebastian Bach und Gottfried Silbermann geprüft). Schon 1526 evangelische Predigt. Superintendent Nikolaus Medler prägte 1536–44 die Reformation in Naumburg. (Topfmarkt, 06618 Naumburg, Tel. 03445 201516, www.evangelische-kirche-naumburg.de)

Nietzsche-Haus und -Dokumentationszentrum: Dauerausstellung über den Philosophen, der Kindheit und Jugend in Naumburg verbrachte. (Weingarten 18, 06618 Naumburg, Tel. 03445 201638 oder 703503, www.mv-naumburg.de)

Schulpforta: 1137 gegründetes Zisterzienserkloster mit Kirche aus dem 13. Jahrhundert (Foto) an der „Straße der Romanik", seit 1543 „Landesschule Pforta" (berühmte Schüler: Friedrich Gottlieb Klopstock, Johann Gottlieb Fichte, Friedrich Nietzsche). (Stiftung Schulpforta, Schulstraße 22, 06628 Naumburg OT Schulpforte, Tel. 034463 28115, www.stiftung-schulpforta.de)

Tourist-Information Naumburg
Im „Schlösschen" vor der Stadtkirche (Foto oben)
Markt 6, 06618 Naumburg
Tel. 03445 273125
E-Mail: tourismus@naumburg.de
www.naumburg-tourismus.de

Schmalkalden

Erstmals 874 erwähnt, erhielt die „villa Smalcalta“ 1335 Stadtrecht. Der hessische Landgraf Philipp der Großmütige, der 1526 als erster Landesherr die Reformation in seinem Herrschaftsgebiet einführte, prägte die politischen und kirchlichen Geschicke Schmalkaldens maßgeblich. Die Stadt wurde vor allem bekannt durch den auf Philipps Initiative hier geschlossenen Fürstenbund sowie dessen Krieg mit Kaiser Karl V. 1546/47. Erst seit Mitte des 20. Jahrhunderts gehört Schmalkalden zu Thüringen.

Martin Luther und Schmalkalden

1531 bildete sich unter der Führung des Landgrafen Philipp des Großmütigen von Hessen der „Schmalkaldische Bund“, in dem sich die protestantischen Reichsstände zusammenschlossen, nachdem Kaiser Karl V. während des Augsburger Reichstags im Sommer 1530 die Confessio Augustana abgelehnt hatte. Das bedeutendste Treffen des Bundes ereignete sich 1537, als Luther sein berühmtes Glaubensbekenntnis, die „Schmalkaldischen Artikel“ verfasste. Sie gehören zu den theologischen Grundlagen der evangelisch-lutherischen Kirche. Trotz Krankheit predigte Luther in dieser Zeit außerdem in der Stadtkirche St. Georg.

Rathaus

Altmarkt 1, 98574 Schmalkalden
Kontakt über Tourist-Information

Der 1419 errichtete Bau rückte mit der Gründung des Schmalkaldischen Bundes 1531 in den Mittelpunkt europäischer Geschichte. Obwohl das spätgotische Gebäude Anfang des 20. Jahrhunderts umgebaut wurde, blieb der historische Audienzsaal, in dem 1537 die Schmalkaldischen Artikel verlesen wurden, bis heute erhalten. Im Rathaus sind unter anderem die Wappen der Mitglieder des Schmalkaldischen Bundes, die Renaissanceskulptur eines Löwen als Zeichen der alleinigen Herrschaft Hessens über die Stadt Schmalkalden (1583), eine Lutherbüste des Berliner Künstlers Wieland Förster (aufgestellt 1996) und eine überdimensionale Stadtansicht „Schmalkalden um 1600“ (1937/38) zu sehen.

Stadtkirche St. Georg

Kirchhof 3, 98574 Schmalkalden
Tel. 03683 402471
E-Mail: gemeindebuero.kigem.sm@ekkw.de
www.kirchengemeinde-schmalkalden.de

In dieser 1437–1509 erbauten spätgotischen Hallenkirche, einer der schönsten Thüringens, predigte Luther während seines Aufenthalts in Schmalkalden im Februar 1537. In der „Lutherstube", der ehemaligen Paramentenkammer über der Sakristei, soll er sich während der morgendlichen Gottesdienste aufgewärmt haben. Heute ist darin ein kleines Kirchenmuseum. Die 1571 im Südturm eingerichtete Türmerstube bietet dem Besucher einen herrlichen Rundblick aus über 40 Metern Höhe.

Lutherhaus

Lutherplatz 7, 98574 Schmalkalden
Kontakt über Tourist-Information

Vom 7. bis 26. Februar 1537 wohnte Luther während der Tagung des Schmalkaldischen Bundes als Gast des hessischen Rentmeisters Balthasar Wilhelm im zweiten Obergeschoss dieses eindrucksvollen Fachwerkhauses. Eine stuckierte Tafel von 1687 mit Inschrift und dem Schwan als Sinnbild des Reformators sowie dessen und Melanchthons Petschaft erinnern daran.

Museum Schloss Wilhelmsburg

Schlossberg 9, 98574 Schmalkalden
Tel. 03683 403186
E-Mail: info@museumwilhelmsburg.de
www.museumwilhelmsburg.de

Das Museum im 1618 vollendeten, nahezu im Originalzustand erhaltenen Renaissanceschloss Wilhelmsburg präsentiert mit der Ausstellung „Aufbruch in die neue Zeit“ die geschichtlichen Ereignisse in Schmalkalden von den Anfängen bis ins 19. Jahrhundert. Besonders bildhaft werden Martin Luthers Wirken und die Folgen seiner Ideen dargestellt.

Weitere Sehenswürdigkeiten

Besucherbergwerk Finstertal: Einzige erhaltene Eisen- und Braunsteingrube aus dem 19. Jahrhundert im Südthüringer Raum. Unter Tage zu besichtigen: 350 Meter erschlossenes Grubengebäude, Gezähekammer mit Kompressor von 1919, geologische Aufbrüche, fluoreszierende Mineralien und Originalgeleucht. (Talstraße 1 98574 Schmalkalden OT Asbach, Tel. 03683 488037, www.museumwilhelmsburg.de/museen)

Tourist-Information Schmalkalden
Mohrengasse 1a, 98574 Schmalkalden
Tel. 03683 403182
E-Mail: info@schmalkalden.de
www.schmalkalden.com

Stolberg (Harz)

Der Kurort Stolberg, Ortsteil der Gemeinde Südharz, entstand um das Jahr 1000 als Bergarbeitersiedlung und hat eine lange Tradition der Münzprägung. Erz- und Silbervorkommen im Südharz lieferten das Rohmaterial. 1300 erhielt Stolberg Stadtrecht. Im Bauernkrieg gab es Kämpfe unter Führung von Thomas Müntzer, der um 1489 hier geboren und 1525 nach der Schlacht bei Frankenhausen hingerichtet wurde. Als erste Stadt überhaupt erhielt Stolberg 1993 wegen seines gut erhaltenen spätmittelalterlichen Stadtbildes den Titel „Historische Europastadt".

Martin Luther und Stolberg

Im Frühjahr 1525 reiste Luther nach Stolberg, um in der Stadtkirche St. Martini gegen den Bauernaufstand unter der Führung Thomas Müntzers zu predigen. Die Predigt hatte keinen Erfolg: Am 2. Mai stürmten die Aufständischen das Schloss und zwangen Graf Botho zur Annahme ihrer Forderungen. Während seines Aufenthalts soll Luther einen Spaziergang in die umgebenden Berge gemacht haben. An einem Berghang oberhalb der Stadt kennzeichnet die Lutherbuche den Ort, an dem er auf Stolberg blickte und dabei das Stadtbild mit einem Vogel verglich. Luther wohnte damals bei seinem Freund Kanzler Wilhelm Reifenstein (heute Markt 4).

Stadtkirche St. Martini

Schlossberg 10, 06536 Südharz OT Stolberg
Tel. 034654 855334
www.kirchenkreis-eisleben-soemmerda.de/Stolberg
www.www.stadt-stolberg.de/Die_Martinikirche

Zu der um 1500 im spätgotischen Stil neu erbauten und im Barock nochmals veränderten Stadtkirche St. Martini, die ihre Ursprünge im 13.Jahrhundert hat, gelangt man über eine Treppe gleich neben dem Rathaus. In der Kirche predigte Luther am 21. April 1525 vergeblich gegen den Bauernaufstand unter Führung Thomas Müntzers. Heute erinnert daran ein Glasfenster mit einem Bildnis Martin Luthers. Zwei kleine Gemälde zeigen außerdem Luther und Melanchthon.

Lutherbuche

Kreuzung Oberer Bandweg/Otto-Landmann-Weg
06536 Südharz OT Stolberg
www.wandern-in-stolberg.de/ausflugsziele

Man erreicht die Lutherbuche vom Marktplatz, indem man durch den Saigerturm geht, dann rechts der Stubengasse folgt und an deren Ende etwas links versetzt den Weg zu den Bandwegen hinaufsteigt (ausgeschildert). Auf einer Bank am Waldrand ausruhend kann man dem Treiben auf dem Marktplatz mit einigem Abstand zusehen und auch den von Luther im Jahr 1525 an dieser Stelle angestellten Vergleich nachvollziehen, Stolberg sei wie ein Vogel gebaut: Das Schloss sei der Kopf, der Marktplatz der Rumpf, die Rittergasse ins linke Tal und die Marktstraße in das Tal in Blickrichtung die Flügel und die Niedergasse rechts ins Tal der Schwanz. Eine Tafel an der Lutherbuche erinnert an diese Begebenheit.

Weitere Sehenswürdigkeiten

Rathaus: Das prachtvolle dreigeschossige Bauwerk wurde 1452 erbaut und ist ein Kuriosum der Architektur: Um die drei Etagen, die unterschiedlich genutzt wurden, separat erreichen zu können, wurde der Zugang zu den einzelnen Stockwerken über die breite Außentreppe geschaffen. Vor dem Rathaus steht ein Thomas-Müntzer-Denkmal. (Markt 1, 06536 Südharz OT Stolberg, www.stadt-stolberg.de/Rathaus)

Museum Alte Münze: In Europa einmaliges technisches und regionalgeschichtliches Denkmal in einem der schönsten Häuser Stolbergs von 1535 mit original erhaltenen Münzprägewerkzeugen des 18. Jahrhunderts und einer Ausstellung zum Leben Thomas Müntzers. (Niedergasse 19, 06536 Südharz OT Stolberg, Tel. 034654 85960, www.tourismus-suedharz.de/Kultur)

Schloss: Wahrzeichen Stolbergs auf einem Berg über der Stadt, ehemalige Residenz der Stolberger Grafen und Fürsten, im 16. Jahrhundert zum Renaissanceschloss ausgebaut, seit 2003 durch die Deutsche Stiftung Denkmalschutz saniert. Beherbergt ein Schlossmuseum und das Haus des Gastes der Gemeinde Südharz. Südterrasse bei gutem Wetter geöffnet. (Schlossberg 1, 06536 Südharz OT Stolberg, Tel. 034654 858880, E-Mail: schloss-stolberg@kes-suedharz.de, www.tourismus-suedharz.de/Kultur)

Tourist-Information Stolberg (Harz)
Markt 2, 06536 Südharz OT Stolberg
Tel. 034654 454 und 19433
E-Mail: info@tourismus-suedharz.de
www.tourismus-suedharz.de

Torgau

Unter dem Namen „Torgove“ wurde die Stadt an der Elbe erstmals 973 erwähnt. Nach der sogenannten Leipziger Teilung 1485 wurde Torgau mit Schloss Hartenfels Residenz der ernestinischen Linie des sächsischen Herrschergeschlechts der Wettiner. Luthers Förderer Kurfürst Friedrich der Weise wurde hier geboren. Die imposante Innenstadt mit dem prächtigen Rathaus und vielen weiteren Baudenkmalen aus Renaissance und Spätgotik bildet ein städtebauliches Ensemble von internationalem Rang. „Torgaus Bauten übertreffen an Schönheit alle aus der Antike, selbst der Tempel des Königs Salomo war nur aus Holz“, lobte der Reformator überschwänglich die Stadt, die ihm besonders viel bedeutete und die historisch als „Amme der Reformation“ gilt.

Martin Luther und Torgau

Dass Luther die sächsische Stadt ingesamt mindestens 40-mal besuchte, hatte mehrere Gründe. Das Torgauer Bürgertum war gegenüber der evangelischen Sache besonders aufgeschlossen. Schon 1520 wurde in der Nikolaikirche die erste evangelische Predigt in deutscher Sprache gehalten. 1526 schlossen der Kurfürst von Sachsen und der Landgraf von Hessen den „Torgauer Bund“ zur Verteidigung der Glaubensfreiheit.

1530 erarbeiteten Luther, Melanchthon, Jonas und Bugenhagen die „Torgauer Artikel“ als Grundlage der Augsburger Konfession, Kurfürst Johann der Beständige reiste von Melanchthon begleitet zum Augsburger Reichstag. Vier Jahre später erließ sein Nachfolger Johann Friedrich der Großmütige von Torgau aus das Schutzedikt für den Druck der Gesamtausgabe der Bibel in Wittenberg. In den Jahren 1543/44 errichtete der Architekt Nikolaus Gromann nach Luthers Vorgaben die Torgauer Schlosskirche. Der Reformator erschien persönlich, um die Kirche zu weihen. Als eine Pestepidemie acht Jahre später Wittenberg heimsuchte, floh Luthers Witwe Katharina im Spätherbst 1552 nach Torgau. Wenig später starb sie und wurde in der Marienkirche beigesetzt. Im Sterbehaus der ehemaligen Nonne erinnert die Katharina-Luther-Stube an die Frau an der Seite des Reformators. Seit 2010 wird in Torgau jährlich das Stadtfest „Katharina-Tag“ gefeiert.

Schloss Hartenfels mit Schlosskirche

Schlossstraße 27, 04860 Torgau
Tel. 03421 70140
E-Mail: info@schloss-hartenfels.de
www.schloss-hartenfels.de

Schloss Hartenfels in Torgau, das größte vollständig erhaltene Schloss der Frührenaissance in Deutschland, ist als politisches Zentrum der Reformation die wichtigste Lutherstätte in Sachsen. Kurfürst Friedrich der Weise und seine Nachfolger ließen es zur repräsentativen Residenz ausbauen, zum Beispiel durch den von Konrad Krebs 1533–1536 errichteten „Großen Wendelstein" am Hauptgebäude (Fotos). Am oberen Portal befindet sich die erste plastische Darstellung Luthers in einem Medaillon. Der 53 Meter hohe Hausmannsturm bietet einen schönen Blick über die Dächer von Torgau, während in den historischen Gewölben unter der Schlosskirche und in der ehemaligen „Unteren Hof-

stube“ die Baugeschichte von Schloss Hartenfels erzählt wird (Lapidarium, Zugang über Schlossinnenhof oder Elbstraße). Im Schloss erinnert ein Dokumentations- und Informationszentrum an die Opfer politischer Gewaltherrschaft. In der NS-Zeit war Torgau Sitz des Reichskriegsgerichts, das über 1000 Todesurteile verhängte.
Die von Nikolaus Gromann als weltweit erster protestantischer Kirchenneubau errichtete Kirche von Schloss Hartenfels (Foto) wurde am 5. Oktober 1544 von Luther geweiht. Ganz in die Fassadengestaltung eines Schlossflügels einbezogen, ist die Kirche äußerlich nur durch das plastisch reiche Portal des Torgauer Bildhauers Simon Schröter als sakraler Bau zu erkennen. Nach Luthers Wunsch sollte sie kein besonderes Haus sein, „als wäre sie besser denn andere Häuser, wo man Gottes Wort predigt“. Sie kann unabhängig vom Schlossbesuch betreten werden.

Katharina-Luther-Stube

Katharinenstraße 11, 04860 Torgau
Tel. 03421 908043
E-Mail: info@museum-torgau.de
www.museum-torgau.de

Das Wohn- und Sterbehaus Katharina von Boras ist die einzige Gedenkstätte für die Ehefrau Martin Luthers. Mehrfach verband sich ihr Lebensweg mit der Stadt Torgau, die die erste Station der damals 24-jährigen Nonne auf ihrer Flucht aus dem Kloster Nimbschen bei Grimma ins bürgerliche Leben darstellte. Als 1552 in Wittenberg die Pest ausbrach, floh Luthers Witwe mit den Kindern nach Torgau. Auf dem Weg hatte die Kutsche einen Unfall, bei dem Katharina schwer verletzt wurde und an dessen Folgen sie am 20. Dezember desselben Jahres starb. Die Ausstellung befasst sich mit der Alltagskultur und mit der Biografie der Lutherin und präsentiert Exponate wie zeitgenössische Grafiken und Gegenstände. Eine Bronzebüste der Künstlerin Irmeltraut Appel-Bregler zeigt Katharina als janusgesichtige „Frau Käthe Luther und Herr Käthe Luther“ (Foto rechts). Die Katharina-Luther-Stube ist Teil des Torgauer Museumspfads des Stadtgeschichtlichen Museums.

Stadtkirche St. Marien

Evangelische Kirchengemeinde Torgau
Wintergrüne 2, 04860 Torgau
Tel. 03421 902671
E-Mail: evkirchetorgau@t-online.de
www.evkirchetorgau.de

Die spätgotische Hallenkirche aus dem 15. Jahrhundert wurde an der Stelle eines romanischen Vorgängerbaus errichtet. Eines der bedeutendsten Kunstwerke ist die von ihren Kindern gestiftete Grabplatte von Luthers Witwe Katharina von Bora, die am 20. Dezember 1552 in Torgau verstarb und in der Marienkirche bestattet wurde.

Weitere Sehenswürdigkeiten

Altstadt: Torgaus historische Altstadt mit mehr als 500 Einzeldenkmalen hat viel vom Glanz der ehemaligen kursächsischen Residenzstadt bewahrt und lädt zu einer gedanklichen Reise in die Renaissance ein. Der Markt wirkt mit dem Renaissancerathaus und dem Ensemble prächtiger Patrizierhäuser sehr eindrucksvoll auf den Betrachter. In Torgau befinden sich das älteste Spielwarengeschäft Deutschlands (Bäckerstraße 2) und eine der ältesten Apotheken Sachsens, die Mohrenapotheke (Markt 4).

Stadtgeschichtliches Museum Torgau: Bei der Stadtkirche St. Marien, im prachtvollen Renaissance-Gebäude der ehemaligen Kurfürstlichen Kanzlei, die Johann Friedrich der Großmütige um 1533 errichten ließ, residiert seit 2003 das Stadtgeschichtliche Museum Torgau (rechts im Foto). Die Dauerausstellung wird ergänzt durch den „Torgauer Museumspfad“ mit Bürgermeister-Ringenhain-Haus, Handwerkerhaus, Katharina-Luther-Stube, Braumuseum und Lapidarium auf Schloss Hartenfels. (Wintergrüne 5, 04860 Torgau, Tel. 03421 70336, E-Mail: info@museum-torgau.de, www.museum-torgau.de)

Torgau-Informations-Center
Markt 1, 04860 Torgau
Tel. 03421 7014-0
E-Mail: info@tic-torgau.de
www.tic-torgau.de

Die um 900 erstmals erwähnte thüringische Stadt gehörte wie Torgau und Wittenberg seit der wettinischen Landesteilung von 1485 zum Territorium der Ernestiner, die sie 1513 als Nebenresidenz und 1531 als eine ihrer Hauptresidenzen wählten. Ab 1572 war Weimar Hauptstadt des Herzogtums Sachsen-Weimar, später Sachsen-Weimar-Eisenach. Zum historischen Erbe der Stadt gehören neben der Weimarer Klassik um Wieland, Goethe, Herder und Schiller auch das Bauhaus und 1919 die Gründung der ersten Republik auf deutschem Boden. Doch auch die Verbindungen Martin Luthers und der Reformation zu Weimar sind enger als allgemein bekannt.

Martin Luther und Weimar

Die Stadt war beliebter Aufenthaltsort von Kurfürst Friedrich dem Weisen und seinen Nachfolgern Johann und Johann Friedrich. Zwischen 1518 und 1540 kam Luther daher häufig hierher, um mit seinen Landesherren über die Durchsetzung der Reformation zu beraten und Instruktionen entgegenzunehmen. Als Quartier diente ihm unter anderem das Franziskanerkloster am Wittumspalais. Während seiner Besuche predigte er wiederholt in der Schlosskirche (nicht erhalten) und in der Stadtkirche St. Peter und Paul. Im Thüringischen Hauptstaatsarchiv liegen bedeutende Brief-

bestände Luthers und seiner Mitstreiter, die Herzogin Anna Amalia Bibliothek und die Kunstsammlungen der Klassik Stiftung Weimar verwahren Tausende Grafiken und Drucke aus dem 16. Jahrhundert. Seit 1883 erscheint die Kritische Gesamtausgabe von Luthers Werken, die lange Jahre im Verlag Hermann Böhlau gedruckt wurde (heute Stadtarchiv) und daher als „Weimarer Ausgabe" bekannt ist.

Stadtkirche St. Peter und Paul (Herderkirche)

Herderplatz 8, 99423 Weimar
Tel. 03643 851518
E-Mail: office@ek-weimar.de
www.ek-weimar.de

Anstelle eines Vorgängerbaus aus dem 13. Jahrhundert wurde die Stadtkirche St. Peter und Paul 1498–1500 als spätgotische dreischiffige Hallenkirche errichtet und nach Kriegszerstörungen 1953 neu eingeweiht. Auf der Kanzel hat

Luther zwischen 1518 und 1540 mehrfach gepredigt. Der 1552 von Lucas Cranach d. Ä. begonnene, 1555 von seinem Sohn vollendete dreiflügelige Reformationsaltar ist ein Hauptwerk der bildlichen Darstellung der lutherischen Lehre. Die Mitteltafel zeigt neben dem vom Blutstrahl Christi getroffenen Lucas Cranach den Reformator, der mit dem Finger auf die geöffnete Bibel zeigt. Der Lutherschrein, ein Triptychon von 1572, zeigt Luther als Mönch, Junker Jörg und Magister.
Johann Sebastian Bach hat in der Stadtkirche oft musiziert, zwei seiner Söhne wurde hier getauft. Johann Gottfried Herder war 1776–1803 Oberhofprediger, Oberkonsistorialrat, Generalsuperintendent und Pastor an der Stadtkirche, die daher auch „Herderkirche" heißt. Seit 1998 gehört sie mit dem Herderhaus als Teil des Denkmalensembles „Klassisches Weimar" zum UNESCO-Weltkulturerbe.

Franziskanerkloster (Musikhochschule)

Am Palais 4, 99423 Weimar
www.hfm-weimar.de

Reste des Franziskanerklosters, in dem Luther bei einem Aufenthalt 1518 logierte, sind an der Nordseite des Wittumspalais erhalten, dem 1767–1769 errichteten Witwensitz von Herzogin Anna Amalia (1739–1807), die grundlegend zur kulturellen Berühmtheit Weimars beitrug. Der Hofeingang zum Palais, in klassischer Zeit dessen Hauptzugang, führt durch das ehemalige Haupthaus des 1533 aufgelösten Klosters. 1874 begann mit dem Einzug der Großherzoglichen Orchesterschule ins „Kornhaus" – die einstige Klosterkirche, in der auch Luther gepredigt hat – die Nutzung der Gebäude durch die heutige Hochschule für Musik „Franz Liszt" Weimar.

Stadtschloss mit Schlossmuseum

Burgplatz 4, 99423 Weimar
Tel. 03643 545-0
E-Mail: poststelle@klassik-stiftung.de
www.klassik-stiftung.de

Die heutige Gestalt des Weimarer Stadtschlosses, der Residenz der Herzöge von Sachsen-Weimar und Eisenach, hat sich in über 500-jähriger Bauzeit entwickelt. Dreimal – zuletzt 1774 – wurde es durch Brand zerstört. Die Schlosskirche, in der Luther gepredigt hat, brannte schon

1618 ab. Seit 1923 wird das Schloss museal genutzt, zudem fungiert es als Verwaltungssitz der Klassik Stiftung Weimar. Im Schlossmuseum mit der Cranach-Galerie befindet sich eine Version des Bildnisses Luthers als Junker Jörg (1522).

Herzogin Anna Amalia Bibliothek

Platz der Demokratie 1, 99423 Weimar
Tel. 03643 545520
E-Mail: haab@klassik-stiftung.de
www.anna-amalia-bibliothek.de

Die in ihren Ursprüngen bis 1552 zurückreichende Bibliothek beherbergt unter anderem eine einzigartige Bibelsammlung. Ihr berühmtestes Buch ist die 1534 in Wittenberg erschienene Luther-Bibel, die erste Gesamtausgabe seiner Bibelübersetzung. Vor den rund 60 erhaltenen Exemplaren zeichnet sich das in Weimar durch die Qualität der 128 Holzschnitte und Bildinitialen aus der Werkstatt Lucas Cranachs d. Ä. aus.

Lucas-Cranach-Haus

Markt 11/12
99423 Weimar

In dem linken von zwei fast identischen Renaissancehäusern, erbaut 1547–1549 von Nikolaus Gromann, lebten ab 1552 die Maler Lucas Cranach d. Ä. und sein Sohn Lucas Cranach d. J. Heute residiert darin das „Theater im Gewölbe".

Weitere Sehenswürdigkeiten

Aus Weimars Fülle an Sehenswürdigkeiten von Weltrang können nur einige hervorgehoben werden. Allein in der UNESCO-Welterbeliste ist die Stadt mit 13 Objekten „Klassisches Weimar“ und drei Objekten „Bauhaus und seine Stätten in Weimar und Dessau“ vertreten.

Goethe-Nationalmuseum mit Goethes Wohnhaus
Frauenplan 1, 99423 Weimar
Tel. 03643 545400

Schillers Wohnhaus
Schillerstraße 12, 99423 Weimar
Tel. 03643 545400

Bauhaus-Museum Weimar
Theaterplatz 1, 99423 Weimar
Tel. 03643 545401

Alle: E-Mail: info@klassik-stiftung.de
www.klassik-stiftung.de

Tourist-Information Weimar
Markt 10, 99423 Weimar
Tel. 03643 745-0
E-Mail: tourist-info@weimar.de
www.weimar.de

Lutherstadt Wittenberg

Luthers Förderer Kurfürst Friedrich der Weise von Sachsen baute Wittenberg nach seinem Regierungsantritt 1486 zur repräsentativen Residenz um. Dazu gehörten der Bau des Schlosses und die Gründung der Universität 1502. Als Wirkungsstätte von Luther, Philipp Melanchthon, Johannes Bugenhagen und Lucas Cranach d. Ä. wurde die kleine Stadt an der Elbe ein Zentrum des geistigen Lebens in Europa und zur „Mutter der Reformation". Seit 1938 trägt Wittenberg den amtlichen Beinamen „Lutherstadt", seit 1996 ist das reformationshistorische Ensemble aus Schlosskirche, Stadtkirche, Lutherhaus und Melanchthonhaus UNESCO-Weltkulturerbe. Auf der Strecke von der Luthereiche (Nähe Bahnhof) bis zur Schlosskirche (Wittenberg Information) findet man wie auf einer Perlenschnur aufgereiht alle wichtigen Gedenkstätten der Reformation.

Luther und Wittenberg

Nach einem ersten Aufenthalt 1508 wurde Luther im Spätsommer 1511 nach Wittenberg versetzt. Er zog wieder ins Kloster der Augustiner, wo er auch nach Auflösung des Ordens bis zu seinem Lebensende blieb. 1512 fand in der Schlosskirche die Feier seiner Promotion statt, und er wurde Professor der Theologie an der Universität. Ob Luther fünf Jahre später seine

95 Thesen tatsächlich an die Tür der Schlosskirche schlug, ist nicht sicher, unstrittig ist jedoch die Tatsache, dass die Veröffentlichung dieses kritischen Statements den Beginn der Reformation einleitete. Durch sein langjähriges Wirken ist Wittenberg zur Hauptstadt der Reformation geworden, zu einem evangelischen Rom, auch wenn sich der Reformator diesen Vergleich sicher verbeten hätte. Seit 1514 war er Prediger an der Stadtkirche St. Marien und hielt dort die meisten Predigten seines Lebens.

Luthereiche

Lutherstraße, südliches Ende (Nähe Bahnhof)

Die Eiche bezeichnet ungefähr die Stelle vor dem Elstertor, wo Martin Luther am 10. Dezember 1520 vor Wittenberger Studenten die Bannandrohungsbulle „Exsurge Domine“ des Papstes Leo X. verbrannte. Der ursprüngliche, der Legende nach schon 1520 gepflanzte Baum wurde während der Napoleonischen Kriege 1813 als Brennholz verfeuert. Am 25. Juni 1830 pflanzte man eine neue Eiche, die heute allerdings unter den Spätfolgen einer „Sägeattacke“ von 1904 leidet.

Lutherhaus

Collegienstraße 54
06886 Lutherstadt Wittenberg
Tel. 03491 42030
E-Mail: info@martinluther.de
www.martinluther.de

Das 1504 erbaute ehemalige Augustinerkloster, wegen der Farbe der Mönchskutten auch „Schwarzes Kloster" genannt, war über 35 Jahre Hauptwirkungsstätte Martin Luthers. Schon 1508 lebte er dort eine Zeit lang, dauerhaft dann ab 1511. Hier machte er seine „reformatorische Entdeckung", hielt Vorlesungen vor Studenten aus ganz Europa und verfasste seine berühmten Schriften, die die Welt veränderten. Nach Auflösung des Ordens mit der Reformation stellte der Kurfürst 1525 Luther und seiner Familie das Haus zur Verfügung. Das wunderschöne spätgotische Eingangsportal schenkte Katharina von Bora ihrem Mann 1540 zum Geburtstag. Nach dessen Tod übernahm die Universität das Haus. Im westlichen Erdgeschoss befand sich bis 1937 eine Schule. 1883 eröffnete man das Lutherhaus als Museum, das heute das größte reformationsgeschichtliche Museum der Welt ist. Im rechten Teil des spätgotischen Gebäudes, der von Luthers Familie bewohnt wurde, ist das als „Lutherstube" bekannte Wohnzimmer original erhalten.

Melanchthonhaus

Collegienstraße 60
6886 Lutherstadt Wittenberg
Tel. 03491 4203110
E-Mail: melanchthonhaus@martinluther.de
www.martinluther.de

Das Renaissance-Bürgerhaus wurde 1536 von Kurfürst Johann Friedrich dem Großmüitgen für den Humanisten und Reformator Philipp Melanchthon und seine Familie errichtet. 1518 war er 21-jährig als Professor nach Wittenberg berufen worden und wurde schnell zum Freund und engsten Vertrauten Luthers. Eine Dauerausstellung mit Handschriften, Drucken, Gemälden und Büsten informiert über Melanchthon und seine große Bedeutung für den Protestantismus.

Universität (Collegium Fridericianum)

Collegienstraße 62
06886 Lutherstadt Wittenberg
www.leucorea.de

1502 mit dem Beinamen „Leucorea“ (= weißer Berg) gegründet, erlangte die Universität Wittenberg durch Luthers und Melanchthons Wirken weltgeschichtliche Bedeutung. Zwischen 1530 und 1620 war sie die meistbesuchte deutsche Hochschule. Das Collegium Fridericianum wurde 1503/04 und 1509–1511 errichtet. Nach der Verlegung der Leucorea nach Halle 1817 wurde es als Kaserne und Wohnhaus genutzt. Heute bietet die LEUCOREA Stiftung der Martin-Luther-Universität Halle-Wittenberg hier akademische Veranstaltungen an. An der Straßenfront nennt eine Gedenktafel einige Lehrer und namhafte Schüler der Universität.

Stadtkirche St. Marien

Kirchplatz 20, 06886 Lutherstadt Wittenberg
Tel. 03491 404415
E-Mail: stadtkirche@kirche-wittenberg.de
www.stadtkirchengemeinde-wittenberg.de

Die 1187 erstmals erwähnte Stadtkirche St. Marien ist das älteste erhaltene Gebäude Wittenbergs. Die Predigtkirche Luthers gilt als Mutterkirche der Reformation. 1523 wurde Johannes Bugenhagen zum ersten evangelischen Pfarrer der Stadtkirche gewählt. Lucas Cranach d. Ä. schuf 1547 den Reformationsaltar, dessen vier Bildtafeln die Grundzüge des evangelischen Gemeindelebens und Kirchenverständnisses zeigen (Abb. S. 14/15 und S. 53).

Bugenhagenhaus

Kirchplatz 9, 06886 Lutherstadt Wittenberg
www.stadtkirchengemeinde-wittenberg.de

Im Pfarrhaus der Marienkirche lebte von 1523 bis zu seinem Tod 1558 Luthers Freund und Mitstreiter Johannes Bugenhagen, der Reformator Norddeutschlands und Skandinaviens. Als ältestes evangelisches Pfarrhaus der Welt soll es ebenfalls in die Liste der UNESCO-Welterbestätten aufgenommen werden. Bis 1997 Wohn- und Wirkungsstätte der Wittenberger Superintendenten, ist es heute „Geistliches Gemeinde- und Begegnungszentrum" mit einer Ausstellung über seine Geschichte.

Markt mit Rathaus und Lutherdenkmal

Marktplatz, 06886 Lutherstadt Wittenberg

Die Türme der Stadtkirche überragen die Ostseite des Wittenberger Marktplatzes, auf der Nordseite steht das Rathaus mit der Renaissancefassade, das ab 1523 errichtet wurde und heute wechselnde Ausstellungen beherbergt. Im Osten, Süden und Westen wird der Platz eingeschlossen von stattlichen Bürgerhäusern (darunter das Cranach-Haus Markt 4). Auf der Freifläche vor dem Rathaus stehen Denkmäler für Luther und Melanchthon. Mit dem unter Führung des preußischen Königs Friedrich Wilhelm III. geplanten Lutherdenkmal von 1821 wurde in Deutschland

erstmals ein Nichtadliger mit einem frei stehenden Standbild öffentlich geehrt. Die Bronzefigur schuf Johann Gottfried Schadow, den gusseisernen Baldachin (der das „freie Stehen" etwas relativiert) Karl Friedrich Schinkel.

Cranach-Häuser

Cranach-Haus (Markt 4, Foto rechts) mit Dauerausstellung „Cranachs Welt" und Künstlerwerkstätten
Cranach-Hof (Schlossstraße 1) mit historischer Druckerstube, Malschule und Cranach-Herberge
06886 Lutherstadt Wittenberg
Tel. 03491 4201911
E-Mail: info@cranach-stiftung.de
www.cranach-stiftung.de

Friedrich der Weise berief 1505 Lucas Cranach d. Ä. als Hofmaler nach Wittenberg. Fast ein halbes Jahrhundert lang porträtierte er hier Kurfürs-

ten und Reformatoren, entwarf Altarbilder oder kleine Kabinettstücke. Er betrieb auch eine Druckerei, führte zeitweise den städtischen Ratskeller, betätigte sich als Verleger, Apotheker, Weinhändler und Vermieter und wurde mehrfach zum Kämmerer und zum Bürgermeister der Stadt gewählt. 1511 erwarb er das Haus am Markt 4 und 1517/18 den größten Wittenberger Hof in der Schlossstraße 1 (Foto oben). Beide locken heute mit Kunsthandwerk und Kultur.

Schlosskirche Wittenberg

Schlossplatz, 06886 Lutherstadt Wittenberg
Tel. 03491 402585
E-Mail: schlosskirche@kirche-wittenberg.de
www.schlosskirche-wittenberg.de

An die Tür der Wittenberger Schlosskirche soll Luther am 31. Oktober 1517 seine 95 Thesen geschlagen haben. Der 31. Oktober wird daher von den evangelisch-lutherischen Kirchen jährlich als Reformationstag gefeiert. Kurfürst Friedrich der Weise hatte ab 1489 anstelle der alten Wittenberger Burg das Renaissanceschloss mit der Schlosskirche erbauen lassen, die als Universitätskirche diente. Akademische Würdenträger, auch Luther und Melanchthon, fanden im Kircheninnern ihre letzte Ruhestätte. Nach mehrmaligen Zerstörungen, so 1760 im Siebenjährigen Krieg, in dem unter anderem die originale hölzerne „Thesentür" verbrannte, wurde die Kirche Ende des 19. Jahrhunderts neugotisch wieder aufgebaut. Die heutige Bronzetür ist ein Geschenk des preußischen Königs Friedrich Wilhelm IV. an die Stadt Wittenberg zum 375. Geburtstag Luthers. Von dem Schloss, das 1819 zur Kaserne umgebaut wurde, gehören nur die beiden Treppenhäuser in den Hofecken zur historischen Substanz. Zum Reformationsjubiläum 2017 soll die bauliche Einheit von Schloss und Schlosskirche wiederhergestellt werden.

Weitere Sehenswürdigkeiten siehe:

Tourist-Information Lutherstadt Wittenberg
Schlossplatz 2, 06886 Lutherstadt Wittenberg
Tel. 03491 4986-10
E-Mail: info@lutherstadt-wittenberg.de
www.lutherstadt-wittenberg.de

Worms

Die ursprünglich keltische Siedlung gehört neben Augsburg, Trier und Kempten zu den ältesten Städten Deutschlands und kann einen

der drei romanischen Kaiserdome aufweisen. Im 11. Jahrhundert hatte Worms seine Blütezeit, erlangte Zollfreiheit, war Ort vieler Reichstage und -versammlungen und erhielt Stadtrecht. Bekannt ist es vor allem als Nibelungenstadt und durch den 1521 abgehaltenen Reichstag, auf dem Luther auftrat. Worms wurde zweimal gänzlich zerstört: im Pfälzischen Erbfolgekrieg 1689 und durch zwei alliierte Bombenangriffe 1945.

Martin Luther und Worms

Nachdem Luther am 10. Dezember 1520 die päpstliche Bannandrohungsbulle öffentlich verbrannt hatte, wurde er von Kaiser Karl V. zum Reichstag nach Worms zitiert, um seine Lehren zu widerrufen. Er traf am 16. April 1521 in der Stadt ein und wurde triumphal empfangen. Seine Situation war jedoch extrem gefährlich, zumal er den geforderten Widerruf verweigerte. Den berühmten Satz „Hier stehe ich, ich kann nicht anders. Gott helfe mir. Amen!" hat er zwar nicht gesagt, er entsprach aber durchaus seiner Haltung. Karl V. konnte jedoch auch nicht anders und verkündete das „Wormser Edikt", wonach Luther nun vogelfrei war.

An die Stationen des Reformators in Worms erinnern Gedenktafeln im Heylshofgarten auf dem Gelände der ehemaligen Bischofspfalz, wo er vor dem Kaiser stand, und des Johanniterhofs, wo er während seines zehntätigen Aufenthalts übernachtete. Die Magnuskirche, in der bereits vor Luthers Auftritt auf dem Reichstag in seinem Sinne gepredigt wurde, war Ausgangspunkt der evangelischen Bewegung in Worms, das auch als früher Druckort der Reformation bekannt ist. Aus späterer Zeit halten die Reformationsgedächtniskirche zur Heiligen Dreifaltigkeit aus dem 18. Jahrhundert, die Jugendstil-Lutherkirche und natürlich das größte Lutherdenkmal der Welt die Erinnerung an den Reformator wach.

Lutherdenkmal

Lutherplatz / Lutherring, 67547 Worms
www.worms.de

Dem von Ernst Rietschel entworfenen, 1868 eingeweihten, weltweit größten Denkmal Luthers liegt dessen Lied „Ein feste Burg“ zugrunde. Die quadratische Grundfläche ist an drei Seiten von Mauern umschlossen, unter deren Zinnen sich Wappen von Städten befinden, die sich der Reformation anschlossen. Auf erhöhten Postamenten stehen Persönlichkeiten der Reichspolitik und des Humanismus des 16. Jahrhunderts wie Melanchthon und Reuchlin, die mit Luther verbunden waren. Die Mitte bildet auf einem Podest die drei Meter hohe Figur des Reformators. Ihn umgeben die vier vorreformatorischen Kämpfer Girolamo Savonarola, Jan Hus, John Wyclif und Petrus Waldes. Luther blickt zur verschwundenen Bischofspfalz, wo er im Schatten des Doms 1521 vor Kaiser und Reich stand.

Heylshofgarten (ehemalige Bischofspfalz)

Heylshof – Museum & Kunsthaus
Stephansgasse 9, 67547 Worms
Tel. 06241 22000
E-Mail: museum@heylshof.de
www.museum-heylshof.de

Im Heylshofgarten markiert eine Bodenplatte die Stelle, an der Martin Luther 1521 vor dem Reichstag den Widerruf seiner Lehre verweigert hat. Hier im Bereich der 1689 zerstörten Bischofspfalz an der Nordseite des Doms, wo einst die Kaiser Hof hielten, wenn sie zu den Reichstagen in Worms weilten, wurde 1884 das Palais Heyls-

hof mit parkartigem Garten für Freiherr Cornelius W. von Heyl zu Herrnsheim und seine Frau Sophie, geb. Stein, erbaut. Es war von Anfang als „Kunsthaus“ konzipiert und zählt heute zu den führenden Kunstmuseen in Rheinland-Pfalz.

Johanniterhof

Hardtgasse 4, 67547 Worms

Die kleine Reisegesellschaft, die am 16. April 1521 in der Reichsstadt eintraf, bestand aus Luther selbst, drei Wittenberger Begleitern und einem Reichsherold, der für ihre Sicherheit gesorgt hatte. Da Luther als Exkommunizierter nicht bei seinen Mitbrüdern im Augustinerkloster wohnen konnte, wurde ihm als Quartier ein Zimmer im Johanniterhof zugeteilt, wo die Teilnehmer der kursächsischen Delegation logierten. Heute erinnert eine Plakette in der Hardtgasse an dieses ebenfalls 1689 von den Franzosen niedergebrannte Gebäude.

Magnuskirche

Dechaneigasse 3, 67547 Worms
www.magnusgemeinde.de

Die 1142 erstmals urkundlich erwähnte, wohl schon in karolingischer Zeit errichtete Pfarrkirche des Andreasstifts gilt als älteste lutherische Kirche in Südwestdeutschland. Hier wurde bereits 1520, also vor dem Wormser Reichstag, im Sinne Luthers gepredigt. Lange Zeit diente sie als Hauptkirche der Wormser Lutheraner.

Dreifaltigkeitskirche

Markplatz 12, 67547 Worms
Tel. 06241 23917
E-Mail: pfarrer@dreifaltigkeitskirche-worms.de
www.dreifaltigkeitskirche-worms.de

Die barocke lutherische Stadtkirche wurde 1709–1725 an dem Ort errichtet, von dem man damals annahm, hier habe Luther 1521 seine Thesen verteidigt. 1945 wurde die Reformationsgedächtniskirche zerstört, danach bis auf den modernen Innenraum originalgetreu wieder aufgebaut.

Wissenschaftliche Stadtbibliothek

Haus zur Münze, Marktplatz 10, 67547 Worms
Tel. 06241 853-4209
E-Mail: stadtbibliothek@worms.de
www.stadtbibliothek-worms.de

Über 600 Druckschriften aus der Reformationszeit sind bei Magazinführungen in der Stadtbibliothek gleich neben der Dreifaltigkeitskirche zu bewundern. Die Luther-Bibliothek stiftete Max von Heyl 1883 aus Anlass der Feier zum 400. Geburtstag des Reformators – überwiegend Luther-Werke in Ausgaben bis 1548. Außerdem im Bestand: ein Plakatdruck des Wormser Edikts (Abb. S. 89), Wormser Drucke von Peter Schöffer d. J. wie das erste englische „New Testament" von William Tyndale (1526), die „Wormser Propheten" (1527), die „Schleitheimer Artikel" (1527–1529) und die Wormser Bibel (1529), die vor der Zürcher und der Lutherbibel als erste deutschsprachige protestantische Vollbibel erschien.

Lutherkirche

Karlsplatz 5, 67549 Worms
Tel. 06241 594190
E-Mail: info@luthergemeinde-worms.de
www.luthergemeinde-worms.de

Die evangelische Lutherkirche im Westen der Stadt wurde 1910–1912 mit starken Anklängen an den Darmstädter Jugendstil als einschiffiger Hallenbau mit Kanzelaltar erbaut. Mehrfach erscheint als durchgängiges Kennzeichen der Kirche die achteckige Lutherrose. Mit dem über der monumentalen Säulenreihe vor dem Haupteingang prangenden Schriftzug „Ein' feste Burg ist unser Gott" knüpft der Bau an Luthers berühmtestes Kirchenlied an.

Weitere Sehenswürdigkeiten

Dom St. Peter: Der 1130 bis 1181 erbaute Dom St. Peter, dessen Ursprünge in die spätrömische Zeit reichen, gehört mit den Kaiserdomen in Mainz und Speyer zu den großartigsten Schöpfungen romanischer Kirchenbaukunst. In einer Baumaßnahme um 1300 wurde die romanische Nikolauskapelle durch eine gotische ersetzt, das Südportal mit plastischem Figurenschmuck als Bilderbibel neu gestaltet. Steinerne Bildwerke mit Szenen aus dem Leben Jesu, die aus dem spätgotischen Domkreuzgang (Ende 15. Jahrhundert) stammen, sind im nördlichen Langhaus aufgestellt. Als Luther 1521 in Worms weilte, war ihm allerdings der Zutritt zum Dom verwehrt. (Eingang: Südportal, Andreasstraße, 67547 Worms, Tel. 06241 6115, E-Mail: pfarramt@wormser-dom.de, www.wormser-dom.de)

Museum der Stadt Worms im Andreasstift: Das ehemalige Andreasstift, ein spätromanischer Gebäudekomplex mit malerischem Innenhof, ist eines der schönsten Gebäude der Stadt und beherbergt seit 1930 das städtische Museum. Das „Lutherzimmer" erinnert an die Rede des Reformators während des Wormser Reichstags 1521 vor Kaiser Karl V. (Weckerlingplatz 7, 67547 Worms, Tel. 06241 94639-0, E-Mail: museum@worms.de, www.museum.worms.de)

Synagoge und Mikwe: Die schon im 11. Jahrhundert bezeugte Synagoge mit dem Ritualbad (Mikwe) wurde nach Zerstörung während der Kreuzzüge im 12. Jahrhundert in romanischen Formen der Dombauschule neu erbaut, später erweitert. Während der NS-Zeit niedergebrannt und abgerissen, wurde die Synagoge teils mit Originalbauteilen wiedererrichtet und 1961 neu geweiht. (Synagogenplatz, 67547 Worms, Kontakt über Jüdisches Museum im Raschi-Haus, Hintere Judengasse 6, 67547 Worms, Tel. 06241 853-4707, E-Mail: stadtarchiv@worms.de)

Jüdischer Friedhof „Heiliger Sand“: Der älteste Grabstein des jüdischen Friedhofs „Heiliger Sand“ stammt aus dem Jahr 1076. Damit ist er der älteste erhaltene jüdische Friedhof in Europa. (Willy-Brandt-Ring, 67547 Worms, Führungen über Tourist Info)

Tourist Information Worms
Neumarkt 14, 67547 Worms
Tel. 06241 8530
E-Mail: touristinfo@worms.de
www.worms.de

Zwickau

Das 1118 erstmals erwähnte Zwickau, Geburtsstadt Robert Schumanns, seit dem 20. Jahrhundert Automobilstandort, war im 16. Jahrhundert dank Tuchmacherhandwerk, Silberbergbau und Handel eine der wirtschaftlich bedeutendsten Städte im Kurfürstentum Sachsen. Zeitweilig predigte Thomas Müntzer in Zwickau, das nach Wittenberg die zweite Stadt war, in der sich die lutherische Reformation durchsetzte. Heute kann man auf einem ausgeschilderten „Lutherweg" die damaligen Ereignisse nachvollziehen. Start ist am Kornmarkt.

Martin Luther und Zwickau

Viele namhafte Bürger Zwickaus hatten engen Kontakt zu den Wittenberger Reformatoren. Martin Luther war mit dem Bürgermeister Hermann Mühlpfort befreundet und empfahl 1520 Thomas Müntzer als Prediger für die Stadtkirche St. Marien (Foto). Nikolaus Hausmann, auf dessen Anregung Luther den „Kleinen Katechismus" verfasste, gestaltete ab 1521 als Pfarrer der Marienkirche den Gottesdienst nach lutherischen Vorstellungen. Als sich die sozialen und religiösen Spannungen in Zwickau verschärften, wurde Luther um Unterstützung gebeten. Zwischen dem 30. April und dem 2. Mai 1522 predigte er viermal in der Stadt und lenkte damit die Reformation in geordnete Bahnen.

Westsächsische Hochschule (ehemaliges Franziskanerkloster)

Kornmarkt 1, 08056 Zwickau

Das seit 1231 in Zwickau bestehende Franziskanerkloster war durch florierenden Ablasshandel eine wichtige Stütze der römischen Kirche, aber zugleich ein Auslöser der reformatorischen Bewegung. Am 30. April 1522 predigte Luther zweimal in der Klosterkirche. 1525 wurde das Kloster geschlossen und sein Besitz verstaatlicht, die Gebäude später abgerissen. Heute befindet sich auf dem Gelände die Westsächsische Hochschule Zwickau.

Grünhainer Klosterhof (Grünhainer Kapelle)

Peter-Breuer-Straße 3,08056 Zwickau

Im Wirtschaftshof des Zisterzienserklosters Grünhain kam es 1522 zu Unruhen, in deren Folge Luther nach Zwickau gerufen wurde: Die Mönche hatten einen Bauern gefangen genommen. Das sahen die Bürger als Eingriff in die städtische Gerichtsbarkeit an und stürmten am 6. März den Klosterhof. Nach Aufhebung des Klosters 1536 bezogen Lateinschule und Ratsschulbibliothek das Gebäude, in dem sich heute ein Restaurant befindet.

Dom St. Marien

Domhof 10, 08056 Zwickau
Tel. 0375 2743510
www.nicolai-kirchgemeinde.de

Hauptpfarrkirche der Stadt (seit 1935 „Dom“, gehört seit Nachwendezeit zur Nicolai-Kirchgemeinde), ursprünglich romanischer Saalbau, 1453–1565 zur dreischiffigen spätgotischen Halle umgebaut. Hier predigte von Mai bis September 1520 Thomas Müntzer. Ab 1521 führte Nikolaus Hausmann die Reformation im lutherischen Sinne ein. Dass Luther in der Marienkirche gepredigt hat, ist nicht belegt. Das Ende des 19. Jahrhunderts an der nördlichen Außenfassade angebrachte Skulpturenprogramm zeigt ihn mit anderen Persönlichkeiten der Reformation wie Melanchthon und Friedrich der Weise.

Rathaus

Hauptmarkt 1, 08056 Zwickau
Tel. 0375 83-0
E-Mail: Bürgerservice@zwickau.de
www.zwickau.de

In der Reformationszeit regierte in Zwickau ein humanistisch orientierter Rat, der für die neuen Ideen aufgeschlossen war. Bürgermeister und Ratsherr Erasmus Stüler (genannt Stella) war Fürsprecher Thomas Müntzers, Bürgermeister Hermann Mühlpfort Freund Martin Luthers. Auf

Bitten des Rates predigte dieser am 1. Mai 1522 aus einem Rathausfenster. Das Zwickauer Rathaus ist rund 600 Jahre alt. Von 1473–1477 ist die spätgotische Jakobskapelle mit Ausmalung von 1614 erhalten (Foto rechts), im 19. Jahrhundert wurde die Fassade im neugotischen Stil gestaltet.

Mühlpforthaus

Alter Steinweg 5, 08056 Zwickau

In dem einst spätgotischen Bürgerhaus wohnte der 1521–1533 amtierende Bürgermeister Hermann Mühlpfort (1486–1534), dem Luther die Schrift „Von der Freiheit eines Christenmenschen“ (1520) widmete. Möglicherweise hat er 1522 hier logiert, vielleicht aber auch im Gasthof „Zum schwarzen Adler“ (Hauptmarkt 23, Heringsches Haus), wo eine Gedenktafel angebracht ist.

Schloss Osterstein

Am Schlossgraben 1, 08056 Zwickau

Zwickaus kurfürstliches Stadtschloss, 1292 erstmals erwähnt, wurde Ende des 16. Jahrhunderts im Renaissancestil ausgebaut. Friedrich der Weise förderte die Ideen Luthers, der am 2. Mai 1522 in der Schlosskirche predigte. Von Ende des 18. Jahrhunderts bis 1962 diente das Schloss als Haftanstalt. Heute beherbergt es eine Seniorenwohnanlage. Der Lutherrundgang kann in der „Schlossschenke“ ausklingen.

Weitere Sehenswürdigkeiten

Katharinenkirche: In der 1453 spätgotisch umgebauten Stadt- und Schlosskirche predigte Thomas Müntzer von Herbst 1520 bis April 1521. An ihn erinnern vor der Kirche eine Statue und ein Bauernkriegsrelief des Bildhauers Jürgen Raue. (Katharinenstraße 27, 08056 Zwickau, Tel. 0375 213527, www.katharinenkirche-zwickau.de)

Priesterhäuser (Städtische Museen Zwickau): In den ältesten Wohnbauten Mitteldeutschlands (Ursprünge 13. Jahrhundert) werden gegenständliche Zeitzeugen der Reformationszeit präsentiert. (Domhof 5–8, 08056 Zwickau, Tel. 0375 834551, E-Mail: priesterhaeuser@zwickau.de, www.priesterhaeuser-zwickau.de)

Lateinschule (Galerie am Domhof): 1479 entstand hier ein Schulgebäude für die Zwickauer Lateinschule, 1878 das Kunstvereinsgebäude, heute „Galerie am Domhof". (Domhof 2, 08056 Zwickau, Tel. 0375 834567, E-Mail: galerie@zwickau.de, www.galerie-zwickau.de)

Robert-Schumann-Haus: Am 8. Juni 1810 wurde der Komponist Robert Schumann (gest. 1856) in diesem Haus geboren, wo sein Vater eine Buch- und Verlagshandlung hatte. Weltweit größte Schumann-Sammlung mit mehr als 4000 Originalhandschriften. (Hauptmarkt 5, 08056 Zwickau, Tel. 0375 215269, E-Mail: schumannhaus@zwickau.de, www.schumann-zwickau.de)

Stadtarchiv, Ratsschulbibliothek, Städtische Kunstsammlungen: Im gemeinsamen Museumsbau von 1914 an der Lessingstraße 1 verwahrt das Stadtarchiv bedeutende Quellen zur Reformation (Tel. 0375 834701, E-Mail: stadtarchiv@zwickau.de), ebenso die 1498 erstmals erwähnte Ratsschulbibliothek (Tel. 0375 834222, E-Mail: ratsschulbibliothek@zwickau.de). Die Städtischen Kunstsammlungen dokumentieren mit Werken der Spätgotik Zwickaus kulturelle Blüte um 1500; Schwerpunkt der Moderneabteilung ist das Schaffen des 1881 in Zwickau geborenen „Brücke"-Künstlers Max Pechstein (Tel. 0375 834510, E-Mail: kunstsammlungen@zwickau.de, www.kunstsammlungen-zwickau.de).

August-Horch-Museum: In Zwickau werden seit über 100 Jahren Kraftfahrzeuge entwickelt und produziert. Den Anfang machte Automobilpionier August Horch („Audi"), nach dem Zweiten Weltkrieg festigte der „Trabant" Zwickaus Ruf als Automobilstadt. Das August-Horch-Museum präsentiert etwa 70 Großexponate und zahlreiche Kleinobjekte. (Audistraße 7, 08058 Zwickau, Tel. 0375 2717380, E-Mail: info@horch-museum.de, www.horch-museum.de)

Tourist Information Zwickau
Hauptstraße 6, 08056 Zwickau
Tel. 0375 2713240
E-Mail: tourist@kultour-z.de
www.zwickautourist.de

Anhang:
Zeittafel, Literatur, Register, Bildnachweis

Zeittafel

10. November 1483
Geburt Martin Luthers in Eisleben

11. November 1483
Taufe Martin Luthers in Eisleben

1484–1496
Kindheit und erste Schuljahre in Mansfeld

1497
Schulbesuch in Magdeburg

1498–1501
Besuch der Lateinschule in Eisenach

1501
Immatrikulation an der Universität Erfurt und Studienbeginn an der Artistenfakultät

1502
Bakkalaureat an der Artistenfakultät

1505
Magisterexamen an der Artistenfakultät und Aufnahme des Jurastudiums an der Universität Erfurt

2. Juli 1505
Gewittererlebnis bei Stotternheim

17. Juli 1505
Eintritt in das Erfurter Augustiner-Eremiten-Kloster

4. April 1507
Priesterweihe im Mariendom zu Erfurt und nach der ersten Messe am 2. Mai Beginn des Theologiestudiums an der Universität Erfurt

9. März 1509
Bakkalaureus sententiarius an der Universität Erfurt

1510/1511
Reise nach Rom

1511
Versetzung nach Wittenberg

18./19. Oktober 1512
Promotion zum Doktor der Theologie. Übernahme der Professur für Bibelexegese an der theologischen Fakultät in Wittenberg. Subprior des Wittenberger Augustiner-Eremiten-Klosters

1514
Predigtauftrag an der Stadtkirche von Wittenberg

1515
Wahl zum Distriktvikar über die zehn Konvente der Augustiner-Eremiten in Thüringen und Meißen

1517
Ablasshandel des Dominikaners Johannes Tetzel in Brandenburg und Magdeburg

Oktober/November 1517
Versendung der 95 Thesen

Dezember 1517
Öffentliche Verbreitung der Thesen

März 1518
Veröffentlichung des „Sermon vom Ablass und von der Gnade“

April 1518
Heidelberger Disputation

7. Juli–14. Oktober 1518
Reichstag zu Augsburg

12.–14. Oktober 1518
Verhör durch Kardinal Thomas Cajetan in Augsburg. Martin Luther verweigert den geforderten Widerruf.

27. Juni–16. Juli 1519
Leipziger Disputation zwischen Eck, Karlstadt und Luther

28. Juni 1519
Wahl Karls V. zum König, nennt sich nach Krönung 1520 „erwählter“ Kaiser des Heiligen Römischen Reiches Deutscher Nation

April 1520
Schrift „Sermon von den guten Werken“

15. Juni 1520
Bannandrohungsbulle „Exsurge Domine“ von Papst Leo X., im Oktober zugestellt

August 1520
Schrift „An den christlichen Adel deutscher Nation“

Oktober 1520
Schrift „Von der babylonischen Gefangenschaft der Kirche“

November 1520
Schrift „Von der Freiheit eines Christenmenschen“

10. Dezember 1520
Verbrennung der Bulle in Wittenberg

3. Januar 1521
Päpstlicher Bann über Luther, Bulle: „Decet Romanum Pontificem“

6. März 1521
Vorladung zum Wormser Reichstag

17./18. April 1521
Luther vor dem Reichstag zu Worms. Wieder verweigert er den Widerruf, diesmal vor Kaiser und Reich.

26. April 1521
Abreise von Worms

4. Mai 1521
Fingierte Entführung Luthers im Auftrag Friedrichs des Weisen. Beginn des Aufenthalts auf der Wartburg als „Junker Jörg“

8. Mai 1521
Wormser Edikt. Verhängung der Reichsacht über Luther und seine Anhänger

Dezember 1521–Februar 1522
Übersetzung des Neuen Testaments

1. März 1522
Aufbruch von der Wartburg nach Wittenberg

9.–16. März 1522
Invokavitpredigten in Wittenberg

September 1522
Erscheinen des von Luther übersetzten Neuen Testaments („Septembertestament“)

Februar 1523
Wiederaufnahme der Vorlesungstätigkeit

Dezember 1523
Ausarbeitung einer neuen Gottesdienstordnung (u. a. Abendmahl in beiderlei Gestalt)

1524
Anschluss des Landgrafen Philipp von Hessen an die Reformation

9. Oktober 1524
Ablegen der Mönchskutte

Mai 1525
Schrift „Wider die räuberischen und mörderischen Rotten der Bauern“

13. Juni 1525
Eheschließung mit Katharina von Bora

1526
Einführung der Reformation in Hessen

Juni 1526
Schwere Steinerkrankung

7. Juni 1526
Geburt des Sohnes Johannes

6. Juli 1527
Ausbruch einer schweren Erkrankung mit tiefen Depressionen

10. Dezember 1527
Geburt der Tochter Elisabeth

3. August 1528
Tod der Tochter Elisabeth

April 1529
Großer Katechismus

Mai 1529
Kleiner Katechismus. Buchausgabe

4. Mai 1529
Geburt der Tochter Magdalena

1.–4.Oktober 1529
Marburger Religionsgespräch auf Betreiben Philipps von Hessen; Einigung in 14 Artikeln, Uneinigkeit in der Abendmahlsfrage bleibt bestehen.

24. Februar 1530
Kaiserkrönung Karls V. in Bologna durch Papst Clemens VII.

April–Oktober 1530
Aufenthalt Luthers auf der Veste Coburg

20. Juni–19. November 1530
Reichstag zu Augsburg

25. Juni 1530
Verlesung und Übergabe der Confessio Augustana, die in der Hauptsache von Melanchthon verfasst worden ist

29. Juni 1530
Tod des Vaters Hans Luther

30. Juni 1531
Tod der Mutter Margarete

7. November 1531
Geburt des Sohnes Martin

28. Januar 1533
Geburt des Sohnes Paul

1534
Einführung der Reformation in Württemberg durch Herzog Ulrich

September 1534
Erste vollständige Ausgabe der Bibel in Luthers Übersetzung

17. Dezember 1534
Geburt der Tochter Margarete

1535–1546
Luther ist Dekan der Theologischen Universität Wittenberg.

1536
Einführung der Reformation in Dänemark durch König Christian III.

31. Januar 1537
Abreise nach Schmalkalden mit Bugenhagen und Melanchthon

7. Februar 1537
Ankunft in Schmalkalden

11. Februar 1537
Beginn eines schweren Nierensteinleidens während der Bundesversammlung in Schmalkalden

26. Februar 1537
Abreise von Schmalkalden

1539
Einführung der Reformation in Sachsen durch Herzog Heinrich und in Brandenburg durch Kurfürst Joachim. Beginn der Überarbeitung der Bibelübersetzung

6. Januar 1542
Luthers (2.) Testament

20. September 1542
Tod der Tochter Magdalena

19. Dezember 1544
Letzte Bibelrevisionssitzung

März 1545
Schrift „Wider das Papsttum zu Rom, vom Teufel gestiftet“

Ende Juli–16. August 1545
Reise nach Leipzig, Zeitz, Merseburg, Halle und Torgau

28. Januar 1546
Ankunft in Eisleben

14. Februar 1546
Letzte Predigt in Eisleben

17. Februar 1546
Einigung zwischen den Grafen Albrecht und Gebhard von Mansfeld durch Luthers Vermittlung

18. Februar 1546
Tod in Eisleben

22. Februar 1546
Beisetzung Martin Luthers in der Wittenberger Schlosskirche

Literatur

Adelmeyer, Annette; Both, Siegfried: Luther entdecken. Ein Buch zum Stöbern und Nachschlagen. Lutherstadt Wittenberg 2005

Ambroß, Paul; Rößling, Udo: Reisen zu Luther. Berlin 1983

Badstübner-Gröter, Sibylle; Findeisen, Peter: Martin Luther – Städte, Stätten, Stationen. Leipzig 1983 (2. Auflage 1992)

Bainton, Roland H.: Martin Luther. Berlin 1983

Block, Johannes (Hrsg.): Die wittenbergische Nachtigall. Luther im Gedicht. Leipzig 2013

Dingel, Irene/Hennig, P. Jürgens (Hrsg.): Meilensteine der Reformation. Schlüsseldokumente der frühen Wirksamkeit Martin Luthers. Gütersloh 2014

Dithmar, Reinhard (Hrsg.): Luthers Tischreden. Weimar 2010

Domröse, Sonja: Frauen der Reformationszeit. Gelehrt, mutig und glaubensfest. Göttingen 2010

Friedenthal, Richard: Luther. Sein Leben und seine Zeit. München, Zürich 1982

Gallé, Volker (Hrsg.): Ein neues Lied heben wir an: Die Lieder Martin Luthers und die dichterisch-musikalische Wirkung der Reformation. Worms 2013

Greiner-Mai, Herbert: Dichter, Stätten, Episoden. Berlin 1985

Gronau, Dietrich: Martin Luther. Revolutionär des Glaubens. München 1996

Handy, Ilke und Peter: Martin Luther und Schmalkalden. Auf den Spuren der Reformation. Suhl 1995

Herrmann, Horst: Martin Luther. Ketzer und Reformator. Mönch und Ehemann. München 1999

Ignasiak, Detlef: Luther in Thüringen. Weimar 1996

Jesse, Horst (Hrsg.): Dr. Martin Luthers 95 Thesen. Weimar 2012

Käßmann, Margot (Hrsg.): Schlag nach bei Luther. Texte für den Alltag. Frankfurt/M. 2012

Kaufmann, Thomas: Luthers Juden. Stuttgart 2014

Kaufmann, Thomas: Martin Luther. München 2006

Klepper, Jochen: Die Flucht der Katharina von Bora. Stuttgart 1962

Krumbholz, Hans: Burgen, Schlösser, Parks und Gärten. Berlin 1984

Leppin, Volker; Schneider-Ludorff, Gury (Hrsg.): Das Luther-Lexikon. Regensburg 2014

Leppin, Volker: Martin Luther. Vom Mönch zum Feind des Papstes. Darmstadt 2013

Maess, Thomas (Hrsg.): Plaudereien an Luthers Tafel. Köstliches und Nachdenkliches. Leipzig 2010

Mai, Klaus-Rüdiger: Martin Luther. Prophet der Freiheit. Freiburg i. Br. 2014

Martin Luther – Sein Leben in Bildern und Texten. Einführung von Gerhard Ebeling. Hrsg. von Gerhard Bott, Gerhard Ebeling und Bernd Moeller. Frankfurt/M. 1983

Martin Luther – Stätten seines Lebens und Wirkens. Hrsg. vom Institut für Denkmalpflege der DDR. Berlin 1983

Maurer, Ernstpeter: Luther (Herder Spektrum Meisterdenker). Freiburg i. Br., Basel, Wien 1999

Metzger, Paul; Rhein, Stefan (Hrsg.): Luther und Melanchthon neu entdecken. Reiseführer Gedenkstätten der Reformation. Heilbronn 1997

Müller, Gottfried: Das Feuer brennt. Berlin 1962

Müller, Hans: Dome, Kirchen, Klöster (Tourist-Führer). Berlin 1984.

Reformation und Politik. Europäische Wege von der Vormoderne bis heute. Hrsg. von Maik Reichel, Hermann Otto Solms und Stefan Zowislo. Halle 2015

Rhein, Stefan: Lucas Cranach der Jüngere. Eine biografische Annäherung. Spröda 2015

Schilling, Heinz: Martin Luther. Rebell in einer Zeit des Umbruchs. München 2012

Schilling, Johannes (Hrsg.): Luther zum Vergnügen. Stuttgart 2011

Schorlemmer, Friedrich: Hier stehe ich – Martin Luther. Berlin 2003

Schulz, Wolfgang: Führer zu den Lutherstätten. Berlin 1982

Stade, Heinz; Seidel, Thomas A.: Unterwegs zu Luther. Weimar 2010

Stadler, Hubert: Hermes Handlexikon Martin Luther und die Reformation. Düsseldorf 1983

Steinwede, Dietrich: Reformation – Martin Luther. Freiburg i. Br. 1983

Treu, Martin: Katharina von Bora. Wittenberg 1995 (3. Aufl. 1999)

Vogt, Fabian: Luther für Neugierige. Das kleine Handbuch des evangelischen Glaubens. Leipzig 2012

Weigelt, Sylvia: „Der Männer Lust und Freude sein". Frauen um Luther. Eisenach 2011

Zahrnd, Heinz: Martin Luther in seiner Zeit für unsere Zeit. München 1983

Register

Ortsregister

Personenregister

Bildnachweis

Altenburg Tourismus GmbH: 135 (Jürgen Pietsch), 136, 137, 138 u.
Anhaltische Gemäldegalerie, Dessau: 155 o.
© Auerbachs Keller, Leipzig: 202 o.
Toma Babovic, Bremen: 47, 53, 176
Bach-Museum Leipzig/Jens Volz: 204-3 (Orgelspieltisch im Bach-Museum Leipzig. Dauerleihgabe des Grassi-Museums für Musikinstrumente Leipzig)
Bernd Blume, Torgau: 233 beide, 234 u., 235 o., 236 u.
© Heinrich Bögemann, Halle (Saale); Finanzierung durch das UNESCO-Welterbeprogramm 2010-2014 der Bundesrepublik Deutschland, des Landes Sachsen-Anhalt und der Lutherstadt Eisleben, Architekt Heinrich Bögemann: 169 u.
bpk, Berlin: 9 (Scala), 11 (Lutz Braun), 12, 13, 14/15, 16 + 17 (Staatsbibliothek zu Berlin), 33 (Dietmar Katz), 51 + 54 (Kupferstichkabinett, SMB/Jörg P. Anders), 55 (Dietmar Katz), 59 (Staatsbibliothek zu Berlin), 60, 67, 70 (Hermann Buresch), 77 (Bayerische Staatsgemäldesammlungen, Alte Pinakothek, München), 87, 93 (Museum der bildenden Künste, Leipzig/Ursula Gerstenberger), 99 beide, 103, 107, 115, 116 + 117 (Basel, Kunstmuseum), 119 (Museum der bildenden Künste, Leipzig/Ursula Gerstenberger), 121 (Bayerische Staatsgemäldesammlungen, München), 129, 188 (Bayerische Staatsgemäldesammlungen, Alte Pinakothek, München)
Sascha Bühner, Schmalkalden: 127
Alexander Burzik, Weimar: 238 o.
Cranach-Stiftung, Lutherstadt Wittenberg: 249 u., 250 o.
dpa picture-alliance, Frankfurt/M.: 22, 46 re. + 66 + 78 + 80/81 (akg-images), 131, 133, 208 (DUMONT Bildarchiv), 211, 212 alle, 239, 259 o. (akg-images)
© Ev. Augustinerkloster zu Erfurt: 35, 36, 174 o., 174 u.
Evangelische Kirchengemeinde St. Andreas-Nicolai-Petri, Lutherstadt Eisleben: 130 li. + 130 re. (Fotostudio Ahlhelm, Lutherstadt Eisleben)
Evang.-Luth. Dekanat Augsburg: 142 (Irmgard Hoffmann)
Förderverein Schloss Mansfeld e.V.: 214
Forschungsbibliothek Gotha (Theol. 4° 224/8): 184 li.
fotolia: 29 (Bernd Kröger); 38, 177 u., 220 (twoandonebuilding); 39 (borisb17); 50, 248 (fotobeam.de); 104, 106, 265 o. (animaflora); 112/113

(clombumbus); 139 Mi., 139 u. (bodot); 140 (SeanPavone Photo); 144 o., 177 o. (Andrea Seemann); 152, 153, 156 u. (Stockfotos-MG); 154, 183-1, 244 (ArTo); 156 o. (Maik Höhne); 164 o. (Leonardo Franko); 168, 171 u. (Pecold); 179-1, 179-4, 238 (Henry Czauderna); 207 u., 263 u. (LianeM); 179-2 (Marina Igantova); 191-1, 191-2 (nuwanda); 193 (sborisov); 195 (Alexander); 206, 209-3 (Uwe Graf); 216 (purelife-pictures); 219-3 (Klaus Büth); 230 u. (Daniel Kühne); 231, 240 u. (steschum); 259 u. (Hansderzweite); 264 o. (Neppomuk)

© Göschenhaus Grimma mit Seume-Haus im Kulturbetrieb Grimma: 187-2, 187-3

huber-images.de: 209-4 (Bäck); 108 (Gräfenhain); 122/123, 148, 258 o. (Huber Hans-Peter); 71 li., 241 o., 242 o. (Krammisch); 24, 138 o., 160, 163 o., 170, 243 (Lubenow Sabine); 209-1, (Mehlig); 27, 82/83, 143 o., 144 u., 146-1, 146-3, 146-4, 147, 151 Mi., 180, 189, 202 u., 203, 204-2, 205, 249 o., (Schmid Reinhard); 25, 34, 36/37, 61, 63, 68, 94/95, 97, 110, 126, 149, 150 re., 151 o., 151 u., 159, 162 u., 172, 186 u., 199, 200, 204-1, 204-4, 223, 227, 229, 235 u., 242 Mi. + u., 262 o. (Szyszka)

Cornelia Kirsch, Lutherstadt Wittenberg: 46 li., 48, 49, 52 (mit freundlicher Genehmigung der Stadtkirche Wittenberg), 245, 247

Kreismuseum Grimma: 186 o. (Peter Fricke), 187-1 (Marita Pesenecker)

© KULTUR Z., Zwickau: 260, 262 u., 263 o.

© Landesamt für Denkmalpflege und Archäologie Sachsen-Anhalt Halle (Saale)/Juraj Lipták: 192-3

Landeshauptstadt Erfurt: 179-5

Susann Ludenia, Lutherstadt Eisleben: 21, 166, 167, 169 o., 171 o.

Lutherstadt Wittenberg Marketing GmbH: 246, 250 u.

Magdeburg Marketing Kongress und Tourismus GmbH: 207 o.

Marburg Stadt und Land Tourismus GmbH/Georg Kronenberg: 217 beide

Museum Schloss Wilhelmsburg, Schmalkalden: 226 u.

Barbara Neumann, Erfurt: 175, 178 o. (mit freundlicher Genehmigung der Kirchengemeinde St. Andreas, Erfurt), 178 u., 179-3

Stadt Eisenach: 163 u.

Stadt Zwickau/Kulturamt: 105

Stadtbibliothek Worms, Luther-Bibliothek: 89

Stadtmarketing Halle (Saale) GmbH/© Thomas Ziegler, Stadt Halle (Saale): 190 u., 191-3, 191-4, 192-1

Stadtverwaltung Mansfeld: 210, 213, 215 o., 215 u.

Stiftung automobile welt eisenach: 164 u.
© Stiftung Lutherhaus Eisenach: 30 (Anna-Lena Thamm), 31 (André Nestler), 158 (Anna-Lena Thamm)
Stiftung Schloss Friedenstein, Gotha: 181 li. (Kim Walte), 183-3 (Stefan Jakob), 184 re. (Thomas Fuchs)
© Torgauer Tourismus und Bäder GmbH/Andreas Schmidt: 234 o.
Touristinformation Schmalkalden: 128 (Moritz Kertzscher), 225 o. + 226 o. (Sascha Bühner), 225 u.
Tourist-Information Stadt Stolberg: 228 o. (Claudia Hacker), 228 u. (www.wandern-in-stolberg.de), 230
Rudolph Uhrig, Worms: 85, 252, 253, 254, 255, 256 beide, 258 u.
weimar GmbH/Ralph Kallenbach: 237
Wikimedia Commons: 23, 40/41, 43, 45, 65, 69, 73, 75, 91 + 92 li. (Metilsteiner), 92 re. (Ulrich AAB), 98 (Alexander Hauk), 100, 111, 124, 125, 157 (Ingersoll), 197 o., 209-2 (Eddy1988), 241 u., 264-2, 264-3, 264-4; CC-by-SA-3.0/4.0: 37 (Martina Nolte), 71 re. + 84 (Martin Geisler), 139 o. (WikiABG), 141 (ReclaM), 143 (Alois Wüst), 145 o. (DarkAvenger), 146_2 (Eistreter), 150 li. (Störfix), 155 u. + 190 o. + 192-2 (Andreas Praefcke), 161 (Mario Becker), 162 o. (Metilsteiner), 181 re. + 182-1 + 182-2 (CTHOE), 182-3 (Michael Sander), 183-2 (SchiDD), 185 (Joeb07), 194 o. (Carlos Delgado), 194 u. (Eckhard Henkel), 196 o. (Memorino), 196 u. (4028 mdk09), 197 u. (Thomas Pusch), 218 li. + re. (Hydro), 218 u. (M.J.), 219-1 (Nikanos), 219-2 (M. Sheikho), 221-1 (Linsengericht), 221-2 (Tilman2007), 221-3 (OTFW), 222 o. (Michael WE), 222 u. (Concord), 224 (TOMMES-WIKI), 236 o. (Johannes Kazah), 257 (Jörg Bürgis), 265 u. (André Karwath)
www.leipzig-lexikon.de (André Loh-Kliesch, Leipzig): 201

Titelabbildungen

Vordergrund:
Porträt Martin Luthers von Lucas Cranach d. Ä., Florenz, Galleria degli Uffizi (bpk/Scala)
Hintergrund:
Wartburg, Eisenach (huber-images.de/Szyszka);
Lutherstube in der Wartburg (huber-images.de/Lubenow Sabine); Luther auf dem Reichstag zu Worms (huber-images.de/Pavan Aldo); Schlosskirche zu Wittenberg, Thesentür (huber-images.de/Szyszka)

Impressum

Bibliografische Information der Deutschen Nationalbibliothek
Die Deutsche Nationalbibliothek verzeichnet diese Publikation in der Deutschen Nationalbibliografie; detaillierte bibliografische Daten sind im Internet über http://dnb.d-nb.de abrufbar.

ISBN 978-3-8319-0563-8

4., erweiterte Auflage 2017

Text: Matthias Gretzschel, Hamburg
Redaktion „Lutherstätten in Deutschland von A bis Z“: Annette Krüger und Sophie Torp, Hamburg
Lektorat: Annette Krüger, Hamburg
Gestaltung: BrücknerAping Büro für Gestaltung GbR, Bremen
Gesamtherstellung: Opolgraf SA, Opole, Polen

Autor und Verlag danken der Staatlichen Geschäftsstelle „Luther 2017“ sowie der Geschäftsstelle der EKD „Luther 2017 – 500 Jahre Reformation“ für die Begleitung und Unterstützung dieses Buchprojektes.

Alle Angaben in diesem Buch sind gewissenhaft geprüft. Telefonnummern, E-Mail-Adressen u. Ä. können sich aber schnell ändern. Daher können wir keine Gewähr für deren Richtigkeit übernehmen. Für Anregungen, Berichtigungen und Ergänzungsvorschläge sind wir dankbar. Bitte senden Sie diese an:

Ellert & Richter Verlag
Große Brunnenstraße 116–120
22763 Hamburg
E-Mail: info@ellert-richter.de
Fax: 040-39847723
www.ellert-richter.de